John Cabansag

Opinião das partes interessadas sobre o ensino multilingue baseado na língua materna

John Cabansag

Opinião das partes interessadas sobre o ensino multilingue baseado na língua materna

ScienciaScripts

Imprint

Cover image: www.ingimage.com

This book is a translation from the original published under ISBN 978-3-330-04320-6.

Publisher:
Sciencia Scripts
is a trademark of
Dodo Books Indian Ocean Ltd. and OmniScriptum S.R.L publishing group

120 High Road, East Finchley, London, N2 9ED, United Kingdom
Str. Armeneasca 28/1, office 1, Chisinau MD-2012, Republic of Moldova, Europe
Printed at: see last page
ISBN: 978-620-6-59179-5

RECONHECIMENTO

Com sincero apreço e gratidão, o autor deseja agradecer a várias pessoas e instituições cujo valioso apoio e ideias contribuíram muito para a concetualização deste trabalho;

Dra. Jane K. Lartec, sua conselheira, pelo seu apoio desinteressado e paciência na edição do trabalho do escritor e pelas suas sugestões válidas para a melhoria do trabalho;

Aos membros do Comité de Orientação: Dr. Edmundo L. Ceniza, Dra. Elena S. Toquero, Dra. Ronda B. Tullay e Dr. Visitacion S. Simbulan pela sua ajuda na verificação deste trabalho;

Dra. Felina P. Espique, Reitora da Escola de Formação de Professores e membro do Comité Consultivo, Dra. Teresita D. Ignacio, Coordenadora dos Programas de Pós-Graduação, e Sra. Colette Angel Lydio, docentes da SLU, cujas valiosas críticas ajudaram a aperfeiçoar o conteúdo e a apresentação da discussão e análise dos dados;

Aos administradores, professores, funcionários, pais, funcionários do PTCA e alunos da Echague West Central School, Echague, Isabela e da Dammang-Malitao Elementary School, Malitao, Echague, Isabela, pela preocupação calorosa e pela ajuda prestada ao autor durante a discussão do grupo de discussão;

Melinda G. Kiat, Presidente da Câmara Municipal de Echague, Isabela, membros do Sangguniang Bayan, do Conselho Escolar Local (LSB) e das Organizações Não Governamentais (ONG) de Echague, Isabela, pela sua disponibilidade e indulgência para serem os analistas-respondentes;

À sua amada esposa, Marie Grace, e aos seus filhos, John Vic Lesther e Shiela Marie, que lhe serviram de inspiração constante e cuja presença inspiradora, encorajamento incansável, fidelidade, amor incessante e paciência o ajudaram a levar a obra até ao fim;

Aos seus sogros, Papang, Mamang, cunhada, irmãos, irmãs, sobrinhos e sobrinhas, a todos os seus primos e familiares que, de uma forma ou de outra, deram o seu apoio moral para que este trabalho fosse um êxito;

A todos aqueles cujos trabalhos foram utilizados nesta dissertação, mas cujos nomes e fontes já não podem ser localizados por uma razão ou outra - o autor deseja transmitir a sua profunda gratidão e rezar para que sejam recompensados pela sua grande contribuição para o campo da investigação;

Acima de tudo, o escritor deseja glorificar a Fonte Divina de Vida e Energia que lhe deu dons de pessoas, força e conhecimento. O autor reconhece profundamente que, sem o Seu grande amor e sabedoria, qualquer esforço neste mundo é impossível.

JNC

ÍNDICE DE CONTEÚDOS

Introdução

A Declaração Universal dos Direitos do Homem das Nações Unidas (1948) afirma o direito à educação sem discriminação. O artigo 2.º deste documento aborda especificamente a discriminação com base na língua. Cinco anos mais tarde, um relatório bem citado da UNESCO (1953) desenvolve esta afirmação, sugerindo que o ensino na língua materna serve múltiplos objectivos e que é axiomático que o melhor meio para ensinar uma criança é a sua língua materna. O relatório apresenta, sob diferentes ângulos, as vantagens deste tipo de ensino. Psicologicamente, é o sistema de sinais significativos que, na mente de um aprendente, funciona automaticamente para a expressão e a compreensão. Sociologicamente, é um meio de identificação entre os membros da comunidade a que pertence. Do ponto de vista educativo, o aprendente aprende mais rapidamente através dele do que através de um meio linguístico desconhecido.

Do mesmo modo, a UNICEF em 1999 (p.41) reconheceu o valor do ensino da língua materna. Afirmou que existe uma vasta investigação que demonstra que os alunos aprendem mais rapidamente a ler e a adquirir outras competências académicas quando são ensinados na sua língua materna. Aprendem também uma segunda língua mais rapidamente do que os que aprendem a ler numa língua desconhecida.

A UNESCO (2003) reiterou estes pontos e afirmou que, essencialmente, toda a investigação efectuada desde 1953 confirmou o valor do ensino na língua materna.

As Filipinas são um dos últimos países a adotar a mudança para a utilização da língua materna como meio de ensino. A evidência de estudos de investigação no país e noutros locais desempenhou um papel importante para convencer os decisores políticos dos potenciais benefícios do ensino da língua materna para os alunos de minorias linguísticas. Os benefícios destacados nestes estudos incluem a melhoria das competências académicas (Cummins, 2000; Thomas & Collier, 1997; Walter & Dekker, 2011); maior participação na sala de aula (Benson, 2000; Dutcher, 1995); maior acesso à educação (Benson, 2004c; Smits, Huisman & Kruijif, 2008); e desenvolvimento de competências de pensamento crítico (Brock-Utne, 2006). A investigação também assinalou o efeito da educação multilingue no orgulho cultural (Cummins, 2000; Wright & Taylor, 1995); no aumento da participação dos pais (Cummins, 2000; Dutcher, 1995; D'Emilio, 1995); e no aumento do sucesso das raparigas (Benson, 2005; Hovens, 2002).

Outra grande vantagem do ensino da língua materna é a base que constrói para a aquisição da literacia em outras línguas (Cummins, 2000; Thomas & Collier, 1997). Duas hipóteses relacionadas com este resultado desejado são a "hipótese do nível limiar" e a "hipótese da interdependência". Skutnabb-Kangas e Toukamaa (1976) propuseram a "hipótese do nível limiar", que sugere que só quando as crianças atingem um limiar de competência na sua primeira língua é que podem adquirir com sucesso competências numa segunda língua. Esta hipótese foi formulada na sequência de uma investigação com crianças finlandesas que tinham emigrado para a Suécia. Verificou-se que as crianças que migraram antes de terem adquirido a literacia na sua primeira língua não desenvolveram a literacia na segunda língua com tanto sucesso como as que migraram depois de terem desenvolvido a literacia na primeira língua.

Com base nestas descobertas, Cummins (1984) concebeu a amplamente citada "hipótese da interdependência", que afirma que o nível de proficiência na segunda língua (L2) adquirido por uma criança é uma função do nível de proficiência da criança na primeira língua (L1) no momento em que começa o ensino intensivo da L2. Distinguiu dois tipos de literacia: a comunicação interpessoal e a proficiência linguística académica cognitiva (CALP). A comunicação interpessoal refere-se às competências de comunicação oral utilizadas em contextos de conversação, enquanto a CALP significa o ponto em que o falante pode utilizar a língua de forma descontextualizada, como por exemplo através da escrita, em que a língua é uma ferramenta cognitiva. Cummins concluiu que a competência em L1 pode ser mais facilmente transferida para a competência em L2 quando se domina a CALP.

Esta relação entre a L1 e a L2 ou L3 é particularmente relevante para as oportunidades económicas das Filipinas associadas à proficiência em inglês. Em 2009, mais de 11% da população trabalhava no estrangeiro, o que representava 13,5% do PIB nacional em remessas para o estrangeiro (Bangko Sentral Pilipinas, 2010; Philippines Overseas Employment Administration, 2009) e os centros de atendimento telefónico de empresas estrangeiras no país representavam cerca de 4,5% do PIB nacional em 2009 (United States Department of State, 2010). Em resultado dos fortes benefícios económicos nacionais e individuais da proficiência em inglês, existe no país um forte desejo de melhorar estas competências de literacia.

Tendo em conta as vantagens que o ensino da língua materna tem para oferecer, as Filipinas decidiram explorar a sua utilização no seu sistema educativo, nomeadamente através do programa de ensino multilingue baseado na língua materna. Com o seu início relativamente recente, vale a pena aprofundar as muitas facetas deste programa e que qualquer estudo relacionado pode contribuir para o sucesso da sua implementação.

A maior parte da investigação sobre os resultados da literacia relacionados com o ensino da língua materna foi realizada na América do Norte e na Europa. Apesar deste enfoque ocidental nos estudos sobre a aprendizagem das línguas, ele tem servido, em grande parte, para propagar o uso da língua materna no ensino em todo o resto do mundo. Os principais estudos longitudinais efectuados nos Estados Unidos por Ramirez, Yuen e Ramey (1991) e também por Thomas e Collier (1997) concluíram que as crianças de minorias linguísticas que foram educadas na sua língua materna durante a maior parte dos seus anos de escolaridade elementar demonstraram maiores ganhos na proficiência em inglês do que outras crianças de minorias linguísticas que foram educadas apenas em inglês durante um curto período de tempo na sua primeira língua. Esta constatação é reforçada por outros estudos que sugerem que fortes competências na primeira língua promovem o desenvolvimento cognitivo das crianças e permitem-lhes negociar mais facilmente as matérias (Cummins, 2000; Mallozi & Malloy, 2007). Os estudos indicam também que as competências de literacia em inglês (ou noutra língua segunda) se desenvolvem mais fácil e eficazmente quando se baseiam na compreensão que a criança tem da sua primeira língua (Cummins, 2000).

Alguma investigação fora do contexto ocidental produziu resultados semelhantes, embora com menos rigor metodológico. Uma das iniciativas MTB-MLE mais conhecidas teve lugar entre 1970 e 1978 na Nigéria. O projeto Ife demonstrou que os alunos que aprenderam na sua língua materna durante seis anos obtiveram melhores resultados académicos globais do que os alunos que só aprenderam na sua língua materna durante três anos. O primeiro grupo não mostrou diferenças na proficiência em inglês em relação ao segundo grupo, apesar de ter tido poucos anos com o inglês como meio de instrução (Fafunwa, Macauley, &Sokoya, 1989).

Nas Filipinas, foi efectuado um estudo longitudinal com alunos do primeiro ao terceiro ano em Lubuagan, uma comunidade rural nas montanhas Cordillera. O projeto-piloto de língua materna começou numa escola em 1999 e o estudo foi formalmente lançado em 2005, com três escolas no grupo experimental e três no grupo de controlo. Após três anos de estudo, foram registadas vantagens consistentes nos alunos das escolas de língua materna. Obtiveram resultados significativamente mais elevados do que os alunos das escolas de controlo em Matemática, Leitura, Filipino e Inglês (Walter & Dekker, 2011).

Akinnaso (1993) analisou a literatura sobre os programas baseados na língua materna nos países em desenvolvimento e afirmou que a maioria dos projectos apresenta correlações positivas entre o desenvolvimento da literacia na língua materna e o desenvolvimento da literacia na segunda língua. No entanto, a utilização da língua materna, por si só, não garante resultados positivos. Há que ter em conta a forma como a política é implementada, tanto do ponto de vista nacional como local.

Os académicos de tradição antropológica têm argumentado que as questões de política linguística do topo para a base dão mais peso ao conhecimento especializado do que ao conhecimento local (Canagarajah, 2005; Rajagopalan, 2005). Embora as provas quantitativas encontradas nos estudos supramencionados validem a utilização da MTB-MLE, não têm em conta a compreensão local da aprendizagem de línguas. O contexto molda a forma como a política pode ser implementada, e aqueles que estão no terreno criam o seu próprio conhecimento sobre estratégias eficazes e ineficazes, mesmo que não sejam reconhecidas na literatura académica (Canagarajah, 1993; Pennycook, 1989). Embora o conhecimento local deva ser considerado, Canagarajah (2005) alerta para as possíveis consequências de o considerar exclusivamente: "A celebração do conhecimento local não deve levar a uma guetização das comunidades minoritárias ou a forçá-las a uma existência intelectual do tipo avestruz" (p. 15). A ponte entre estes dois tipos de conhecimento deve ser construída para que a construção seja mais firme e simétrica.

Nesta linha, sempre houve um dilema na elaboração de políticas relativamente ao meio de instrução a utilizar nas salas de aula filipinas. Com mais de 7000 ilhas e 181 línguas distintas (Lewis, Simons, & Fening, 2013), as Filipinas oferecem um ambiente desafiante para a implementação de uma política linguística que possa servir todo o país. Consequentemente, a flutuação histórica da política linguística nas Filipinas demonstra a complexidade das questões relacionadas com a língua na educação durante mais de um século. Dada a mais recente mudança na política linguística em direção ao MTB-MLE, as Filipinas são um contexto relevante e valioso para estudar a implementação da reforma linguística. Como a história tem demonstrado, as políticas linguísticas nas Filipinas mudaram em resultado de questões políticas, económicas e culturais a nível nacional e comunitário. As Filipinas oferecem uma oportunidade para estudar a política descendente a partir da perspetiva das partes interessadas ao nível do terreno, onde os professores e os pais são fundamentais para compreender a implementação da MTB-MLE.

Esta mudança na política linguística faz parte de uma tendência crescente em todo o mundo para apoiar o ensino da língua materna nos primeiros anos da educação de uma criança. No Sudeste Asiático, isto é visível num número crescente de programas educativos que utilizam a abordagem da língua materna. Podem ser encontrados exemplos no Camboja, Indonésia, Malásia, Tailândia, Timor-Leste e Vietname (Kosonen, no prelo; Kosonen& Young, 2009; Taylor-Leech, 2013;l UNESCO, 2007). Em todos estes casos, os programas estão a ser pilotados a nível comunitário com o apoio de agências não governamentais internacionais (INGOs). Embora a utilização de línguas não dominantes no ensino seja permitida em cada um destes países, as Filipinas são o único país a instituir uma política nacional que exige a sua inclusão nos primeiros anos de escolaridade. Consequentemente, a implementação do MTB-MLE nas Filipinas está a ser considerada como um exemplo para o resto da região.

A iniciativa do DepEd e do Congresso de adotar a MTB-MLE baseou-se nos resultados de estudos quantitativos e longitudinais anteriores que destacaram os benefícios da utilização da língua materna como língua de ensino. Dois estudos realizados nos Estados Unidos (Ramirez, Yuen, & Ramey, 1991; Thomas & Collier, 1997) e um nas Filipinas (Walter & Dekker, 2011) concluíram que os alunos de línguas minoritárias que adquiriram literacia na sua primeira língua obtiveram melhores resultados académicos do que os alunos que aprenderam numa segunda ou terceira língua. Sugeriram que as segundas e terceiras línguas podem ser adquiridas mais facilmente se for estabelecida desde cedo uma base na primeira língua. Além disso, estes estudos apontaram para a importância de programas de saída tardia, nos quais a língua materna é utilizada até ao sexto ano, sendo as outras línguas ensinadas como disciplinas separadas.

Estas conclusões são evidentes nas declarações políticas do DepEd sobre os objectivos e os resultados da reforma MTB-MLE. Três resultados citados no despacho de 2009 centram-se na rapidez com que os alunos adquirem competências de literacia no âmbito do referido programa, nomeadamente 1) Os alunos aprendem a ler mais rapidamente quando estão na sua primeira língua (L1); 2) Os alunos que aprenderam a ler e a escrever na sua primeira língua aprendem a falar, ler e escrever numa segunda língua (L2) e numa terceira língua (L3) mais rapidamente do que aqueles que são ensinados numa segunda ou terceira língua primeiro; e 3) Em termos de desenvolvimento cognitivo e dos seus efeitos noutras áreas académicas, os alunos que aprendem a ler e a escrever na sua primeira língua adquirem essas competências mais rapidamente (Departamento de Educação das Filipinas, 2009, p. 1).

A ordem de 2012 inclui objectivos que enfatizam mais amplamente a influência do MTB-MLE em quatro áreas de desenvolvimento: 1) desenvolvimento linguístico, que estabelece uma educação sólida para o sucesso escolar e para a aprendizagem ao longo da vida; 2) desenvolvimento cognitivo, que se centra nas Competências de Pensamento de Ordem Superior (HOTS); 3) desenvolvimento académico, que prepara o aluno para adquirir o domínio das competências em cada uma das áreas de aprendizagem; e 4) consciência sociocultural, que aumenta o orgulho do património, da língua e da cultura do aluno (Departamento de Educação das Filipinas, 2012, p. 3).

Enquanto a ordem do DepEd estipula que a primeira língua dos alunos deve ser eliminada gradualmente após o terceiro ano (ou seja, modelo de saída antecipada), o Congresso apoiou um modelo de saída tardia que permite um período de transição do quarto ao sexto ano. O modelo de saída tardia está de acordo com a investigação anterior, mas ainda não foi discutido em termos de logística.Os espaços ideológicos e de implementação (Hornberger, 2002) para o MTB-MLE estão a abrir-se a nível nacional nas Filipinas, através do apoio do DepEd e do Congresso. No entanto, tem sido dada menos atenção às perspectivas das pessoas a nível comunitário, onde a implementação irá efetivamente ocorrer. Os professores e os pais são dois grupos-chave de interessados que são frequentemente esquecidos no processo político, apesar do facto de deterem muito poder para levar a cabo uma reforma (Fullan, 2003; Shohamy, 2006). A análise dos espaços ideológicos e de implementação a nível local deve ser considerada para além dos espaços a nível nacional. Estas perspectivas sobre o MTB-MLE são necessárias para o êxito da implementação da reforma.

Este estudo tem como objetivo contribuir para a redução das lacunas teóricas e práticas em torno da política MTB-MLE. Abordou a teoria, direccionando o foco da análise para a perspetiva ascendente dos professores e pais no meio da reforma nacional descendente. A teoria da política linguística sugere que a gestão da língua ocorre quando forças externas tomam decisões para aqueles que estão no terreno (Spolsky, 2004, 2011), mas há uma necessidade de compreender como a gestão da língua pode ocorrer de baixo para cima. Embora um número crescente de académicos tenha reconhecido a importância de envolver as partes interessadas locais no processo de política linguística (Shohamy, 2006; McCarty, 2011; Mohanty, Panda, & Pal, 2010; Ricento & Hornberger, 1996), relativamente poucos estudos examinaram o facto de as declarações de política linguística não produzirem representações exactas da forma como a política está a ser executada no terreno.

Estudos anteriores incluíram as atitudes dos professores ou dos pais em relação à língua ou a determinadas políticas linguísticas (Iyamu & Ogiegbaen, 2007; Silver &Skuja-Steele, 2005). Estes estudos são importantes para compreender as perspectivas das partes interessadas locais relativamente a uma reforma nacional e podem ajudar a orientar o desenvolvimento de políticas. Ainda mais significativo é o número crescente de estudos que se centraram na ação dos professores na implementação da política linguística (ver Menken & Garcia, 2010). Isto ultrapassa a mentalidade da política como algo que é feito às pessoas, mas aponta para o poder daqueles que estão no terreno para efetuar a mudança. Ironicamente, muitos destes estudos têm-se centrado na resistência dos professores às políticas linguísticas que proíbem a utilização das línguas locais na sala de aula em favor das línguas nacionais ou mundiais. Este estudo distingue-se por considerar as formas como os professores actuaram no meio de uma política que apoiava o uso da língua materna. Além disso, examinou os papéis activos dos pais no processo de política MTB-MLE, que tem sido minimamente explorado ou estudado com base na literatura existente.

O desafio de abordar as crenças e práticas das partes interessadas também é necessário na "ironia da política". De acordo com Hoyle e Wallace (2007), estas ironias ocorrem no desalinhamento entre as políticas nacionais idealistas e a realidade das circunstâncias nas escolas locais, ou seja, uma política "é prejudicada por uma sobrestimação das possibilidades de mudança decorrentes de uma falta de apreciação das características endémicas das escolas e da escolaridade, dos professores e do ensino" (p. 15). Por outras palavras, uma política nacional que não tenha em conta os contextos locais arrisca-se a ter consequências indesejadas. Moore (1996), citado por Ricento (2006, p. 155), apresentou uma crítica semelhante ao afirmar que os documentos de política nacional tentam "fazer com que a realidade se adapte a eles, em vez de se basearem na realidade".

Nesta linha de pensamento, muitos autores assinalaram a importância de contextualizar o debate sobre a língua nas circunstâncias locais (Kaplan, 1990; Martin-Jones & Saxena, 1995; Ricento & Hornberger, 1996). Como Benson (2004a) observou, a língua está profundamente enraizada no contexto cultural de cada comunidade, tornando difícil a implementação da política de cima para baixo. Outros afirmam que as reformas que não têm em conta a comunidade podem ser objeto de resistência porque a mudança de língua é imposta sem compreensão ou envolvimento (Dekker & Young, 2005; Ricento & Hornberger, 1996). Para compensar este desafio, as reformas linguísticas podem exigir o envolvimento da comunidade. Young (2003) e Ball (2010) afirmaram a importância deste facto no seu trabalho sobre MTB-MLE. Também se observou que os programas-piloto de língua materna que tiveram sucesso geralmente contam com a participação da comunidade para instituir a reforma (Dekker, 2003; Dekker & Young, 2005; Dutcher, 2001; Trudell, 2006).

Em termos de significado prático, esta investigação sobre a política MTB-MLE aborda um tema atual e controverso para os países multilingues que lutam para definir a sua política linguística educativa. Uma vez que as Filipinas são o único país do Sudeste Asiático a exigir o ensino da língua materna na escola primária, pouco se sabe sobre as implicações desta decisão nacional a nível comunitário. Embora centenas de programas-piloto para o ensino da língua materna tenham sido implementados em toda a região e no mundo, é incerto como é que estes serão transferidos para um ambiente político de cima para baixo. A análise deste estudo da perspetiva dos intervenientes locais sobre a implementação do MTB-MLE será um primeiro passo para discernir a viabilidade de uma reforma de tão grande escala. Nos termos das secções 4 e 5 da Lei da República n.º 10533, o ensino básico deve ser ministrado em línguas compreendidas pelos alunos, uma vez que a língua desempenha um papel estratégico na formação dos seus anos de aprendizagem. A nova reforma linguística introduz a língua materna como língua de instrução (LOI) e como disciplina separada, com o título descritivo de *ensino da língua materna*. A política atual promove esta abordagem para todas as disciplinas, exceto o filipino e o inglês, do primeiro ao terceiro ano. Uma maior compreensão das perspectivas e acções dos membros da comunidade no meio desta reforma pode fornecer orientação para os próximos passos na melhoria do processo político. Em particular, uma vez que este estudo foi realizado no segundo ano de implementação, existe uma grande oportunidade de aprender com as experiências das pessoas envolvidas, que podem ser utilizadas para tomar decisões informadas no futuro relativamente à MTB-MLE nas Filipinas.

Metodologia

Conceção da investigação

O estudo adoptou uma conceção de investigação qualitativa, uma vez que se centrou nas experiências relacionadas com as práticas profissionais das partes interessadas na implementação do ensino multilingue baseado na língua materna (ELM-LM). Especificamente, trata-se dos professores das escolas públicas, dos alunos, da direção da escola local, da unidade da administração local, da associação de pais e professores, da organização não governamental e dos pais. Estas partes interessadas são pessoas, grupos ou organizações que têm interesse ou preocupação na implementação da RA No. 10533 (Lei K to12). As partes interessadas podem afetar ou ser afectadas pelas acções, objectivos e políticas da organização. Ao analisar as suas experiências, será possível "construir o mundo à sua volta, o que estão a fazer ou o que lhes está a acontecer em termos que sejam significativos e que ofereçam uma visão rica" (Barbour, 2007, p. xii).

Este estudo utilizou uma conceção de caso único incorporado, em que um distrito escolar serviu como foco central de interesse. Como Yin (2009) descreveu, um estudo de caso incorporado inclui subunidades de análise que são inseridas na estrutura do caso principal de interesse. Um estudo de caso é uma metodologia adequada para este estudo devido à importância de compreender a forma como uma política linguística de cima para baixo é interpretada e aplicada a nível comunitário. Ajuda a compreender como e porquê os intervenientes ao nível do terreno num único distrito escolar pensam e agem da forma como o fazem. Stake (2005) observou que os contextos do caso - quer sejam sociais, económicos, políticos, éticos ou estéticos - são importantes a considerar e "contribuem muito para tornar as relações compreensíveis" (p. 449). Para esta investigação, o distrito escolar foi analisado através das perspectivas e experiências dos professores e dos pais, tornando-os as subunidades do caso.

Recolha de dados

O método do grupo de discussão foi utilizado porque permite a descoberta de um leque de opiniões em vários grupos. Como sugerem Krueger e Casey (2009), "o grupo de discussão apresenta um ambiente mais natural do que o de uma entrevista individual porque os participantes estão a influenciar e são influenciados por outros - tal como acontece na vida" (p. 7). Uma vez que o objetivo desta investigação é compreender os pontos de vista dos professores, dos alunos, dos pais, da direção da escola local, da associação de pais e professores e da associação comunitária, da unidade governamental local e da organização não governamental, foi natural envolvê-los em conversas de grupo sobre as suas perspectivas. Houve tentativas conscientes por parte do investigador para permitir que os participantes discutissem entre si, em vez de interagirem apenas com o investigador. Foi realizado um total de onze (11) debates de grupos de discussão com os intervenientes seleccionados. É necessário um mínimo de três grupos de discussão para comparar e contrastar corretamente os dados entre grupos (Krueger & Casey, 2009).

Sítio de investigação

Merriam (1998) e Stake (2000) afirmam veementemente que a parte mais importante da investigação de estudo de caso é a seleção adequada dos casos. Ao contrário de outros tipos de investigação qualitativa, esta utiliza dois níveis de amostragem inerentes à conceção. O primeiro é a seleção do caso a ser estudado e o segundo é a amostragem das pessoas dentro desse caso. Para efeitos deste estudo, foram seleccionadas duas escolas primárias no distrito de Echague West, Echague, Isabela, como local de interesse. A Escola Central de Echague West está situada no segundo maior município da província de Isabela. O distrito escolar abrange uma área de cerca de 680,80 quilómetros quadrados, inclui 64 barangays e tem uma população de mais de 67.553 pessoas. Tem dez escolas primárias e é o maior dos três distritos escolares do município.

No distrito de Echague West, duas das dez escolas foram seleccionadas como foco principal do estudo, particularmente a maior escola do município (Echague West Central School), localizada perto da parte principal da cidade, e a escola mais distante (Dammang-Malitao Elementary School). Centro é constituído por seis barangays com uma população de cerca de 5.200 habitantes e Malitao com cerca de 1.700 habitantes. Centro pode ser vista como um cadinho no distrito porque é a maior das escolas com seis secções para cada nível de ensino e, geralmente, os alunos provêm de um meio socioeconómico mais elevado. Além disso, o Centro é a sede do supervisor do distrito escolar e emprega os professores com mais experiência. Por esta razão, é importante incluir o Centro como uma escola de interesse, uma vez que é frequentemente o representante dominante do distrito escolar. Quanto à Escola Primária Dammang-Malitao, não há razão para acreditar que seja diferente das restantes oito escolas do distrito. Emprega entre um ou dois professores da primeira classe e matricula alunos de um único barangay. Apesar das potenciais diferenças demográficas entre o Centro e as outras escolas, o objetivo deste estudo de caso não é comparar perspectivas entre escolas. Em vez disso, estas escolas foram vistas como representantes do distrito escolar devido à inclusão da escola central dominante e de uma escola mais pequena.

Participantes e processo de amostragem Participantes.

Do local de investigação selecionado, 14 professores do 1º e 2º anos, 45 alunos do 1º ano, 41 alunos do 2º ano, 25 pais, 4 funcionários da administração local, 6 membros da Associação de Pais e Professores (APPC), 13 membros de organizações não governamentais e 2 membros da direção da escola local foram convidados a participar num grupo de discussão de uma (1) hora e trinta (30) minutos. A escolha do grupo de inquiridos baseou-se no seguinte raciocínio: os professores do 1º e 2º anos do ensino básico público são os "primeiros responsáveis" pela implementação do Ensino Multilingue Baseado na Língua Materna (EML-MT), tal como previsto no R.A. 10533 (Lei K to 12). 10533 (Lei K to 12); os alunos são os destinatários directos do programa MTB-MLE; e as outras partes interessadas, como os pais, os funcionários da unidade governamental local, a associação de pais e professores, as organizações não governamentais e o conselho escolar local, são parceiros externos importantes no planeamento, formulação e implementação de programas e actividades relevantes da escola. Estas partes interessadas são consultadas pelas autoridades escolares sobre assuntos que afectam o bem-estar dos alunos devido ao papel vital que desempenham e ao impacto que contribuem imensamente para a realização dos programas escolares. Cada DGF por grupo de partes interessadas inclui 4-6 membros, de acordo com a sugestão de Barbour (2007) de limitar um grupo de discussão a um mínimo de três participantes e a um máximo de oito participantes, porque um número inferior a três participantes pode ser demasiado pequeno para uma discussão de grupo e um número superior a oito participantes pode não ser muito fácil de gerir.

Em termos da(s) língua(s) utilizada(s) durante as discussões dos grupos de centragem, os participantes eram livres de utilizar o inglês, o tagalog ou a variedade de inglês filipino com alternância de códigos. As discussões dos grupos de centragem foram realizadas entre o final de março e abril de 2014, gravadas em vídeo e depois transcritas na íntegra. Os participantes responderam também a um questionário de uma página antes de cada DGF, a fim de recolher o seu perfil demográfico.

Procedimento de amostragem. Os participantes foram identificados através de uma amostragem intencional ou deliberada. O principal objetivo da amostragem intencional é centrar-se em características específicas de uma população que sejam de interesse, o que permitirá ao investigador responder da melhor forma às suas questões de investigação. Além disso, o investigador utilizou a amostragem de variação máxima, também conhecida como **amostragem heterogénea**. Trata-se de uma técnica de amostragem intencional utilizada para captar um vasto leque de perspectivas das partes interessadas relacionadas com o que se está interessado em estudar, ou seja, a amostragem de variação máxima é uma procura de variação nas perspectivas, desde as **condições** que são consideradas **típicas** até às que são de natureza **mais extrema**. O termo ***condições*** **refere-se** às unidades (ou seja, pessoas, casos/organizações, acontecimentos, dados) que interessam ao investigador. Estas unidades podem apresentar uma vasta gama de atributos, comportamentos, experiências, incidentes, qualidades, situações, etc. O princípio básico subjacente à amostragem de variação máxima consiste em obter mais informações sobre um fenómeno, observando-o de todos os ângulos. Isto pode muitas vezes ajudar o investigador a identificar **temas comuns** que são evidentes em toda a amostra.

O processo de amostragem de variação máxima utilizado no estudo inclui o agrupamento heterogéneo dos inquiridos em três fases. Em primeiro lugar, os inquiridos são agrupados de acordo com a classificação das partes interessadas como professores, pais, funcionários da LGU, estudantes, representantes de organizações não governamentais (ONG), funcionários da associação de pais e professores ou membros do conselho escolar local. A segunda fase de agrupamento satisfaz o critério de disponibilidade para participar na discussão do grupo de discussão e envolve, do grupo selecionado de participantes, aqueles que podem contribuir com dados significativos para o estudo. A fase final da amostragem emprega a classificação dos sete grupos principais de inquiridos pelos subgrupos específicos, nomeadamente: professores do 1º e 2º graus, alunos do 1º e 2º graus, pais do 1º e 2º graus, funcionários e membros de ONG, etc.

Recolha e análise de dados

Os dados foram recolhidos através de discussões de grupos de reflexão entre as partes interessadas. As múltiplas fontes de dados num estudo de caso oferecem oportunidades para compreender a situação de vários ângulos (Merriam, 1998; Stake, 2000).

Grupos de discussão. O método dos grupos de discussão foi selecionado porque permite a descoberta de uma série de opiniões em vários grupos. Uma vez que o objetivo desta investigação é compreender os pontos de vista das partes interessadas, é natural envolvê-las em conversas de grupo sobre as suas crenças e níveis de apoio. É necessário um mínimo de três grupos de discussão para comparar e contrastar corretamente os dados entre grupos (Krueger & Casey, 2009). Neste sentido, foram realizados três (3) grupos de discussão com professores, outros três (3) com alunos do primeiro e segundo ano e cinco (5) com outras partes interessadas.

As perguntas semi-estruturadas e abertas foram construídas com base nas perguntas da investigação. As perguntas-guia para os professores eram semelhantes às que foram feitas aos outros intervenientes, exceto que havia perguntas adicionais para os professores relacionadas com a implementação. As perguntas foram ordenadas numa sequência lógica, de perguntas gerais a perguntas mais específicas ou focalizadas. Em muitos casos, foram feitas perguntas adicionais aos participantes do grupo de discussão com base nas suas respostas.Todas as partes interessadas foram convidadas a participar num grupo de discussão para partilharem as suas perspectivas sobre a implementação do MTB-MLE. Os grupos de discussão tiveram lugar numa sala de aula em cada uma das duas escolas. A privacidade foi assegurada através da restrição do acesso à sala a qualquer pessoa que não fosse os participantes do grupo de discussão. A discussão do grupo focal começou com uma apresentação do investigador e do estudo. Os participantes foram informados de que podiam responder em inglês, tagalo ou ilocano, a língua em que se sentissem mais à vontade. Foi-lhes fornecida uma folha de informação em tagalo relacionada com o estudo. O assistente de investigação leu em voz alta a ficha de informação e os participantes seguiram-na. Foram respondidas perguntas de esclarecimento sobre o estudo e os direitos dos participantes.As perguntas dos grupos de discussão foram feitas em inglês e depois traduzidas para Tagalog, Ilocano e Yogad pelo assistente de investigação. As traduções foram efectuadas em línguas mistas, utilizando Tagalog, Ilocano e Yogad, dependendo do que era melhor compreendido pelos participantes. Isto foi feito para ter em conta o nível de compreensão e a língua utilizada pelas partes interessadas, especialmente os alunos, em que o investigador teve de traduzir as perguntas de acordo com o seu nível de compreensão e as palavras apropriadas a utilizar para apreciar e compreender melhor o tema da investigação. Na maioria dos casos, as partes interessadas compreenderam a versão inglesa das perguntas e responderam também em inglês. Por vezes, alternavam entre o inglês, o tagalo e o ilocano. Todos os grupos de discussão foram gravados em áudio e posteriormente transcritos.**Análise de dados.** A análise começou durante o período de recolha de dados. Todos os dias, os novos dados recolhidos eram revistos, sintetizados e documentados de forma a manter notas cuidadosas e detalhadas. Isto é particularmente importante dado o curto período de tempo para a recolha de dados. Os temas que emergiram das discussões dos grupos de discussão foram registados e analisados de forma exaustiva.

Codificação dos dados. As transcrições das onze (11) discussões dos grupos de centragem foram codificadas utilizando a análise de conteúdo temática como técnica principal. As transcrições foram analisadas de acordo com uma estratégia de codificação incidente a incidente, em vez de uma estratégia de codificação palavra a palavra ou linha a linha, a fim de gerar os principais temas, subtemas e categorias necessários para dar sentido às declarações dos participantes. Além disso, foi utilizado o método de palavras-chave no contexto (KWIC) para chegar aos diferentes temas da discussão do grupo de discussão. Este método consiste em localizar todas as ocorrências de determinadas palavras ou frases no texto e identificar o contexto em que a palavra aparece. Normalmente, isto pode ser feito determinando previamente quantas palavras antes e depois da palavra-chave devem ser incluídas na análise. Para garantir a correção da transcrição, os dados textuais gerados nas discussões dos grupos de discussão foram transcritos literalmente a partir de gravações áudio e, em menor grau, foram também utilizadas notas de observação dos participantes.

Resultados e discussão

Os resultados da discussão do grupo de discussão revelam algumas congruências e desalinhamentos entre as perspectivas das partes interessadas sobre a implementação do MTB-MLE. A realização de um grupo de discussão entre professores, pais, alunos, direção da escola local, funcionários do governo local, associação de pais e professores e da comunidade e organizações não governamentais está em consonância com a perceção de vários autores que sugeriram a importância do envolvimento das partes interessadas na tomada de decisões políticas (Darling-Hammond, 1990: Elmore, 1983; Fullan, 2003), enquanto outros argumentam que as partes interessadas locais tomam decisões políticas a toda a hora, quer isso seja reconhecido ou não (Johnson & Freeman, 2010; Sutton & Levinson, 2001).Após a análise dos pontos de vista das partes interessadas sobre a questão durante a discussão do grupo de discussão, surgiram quatro temas significativos sobre a perspetiva das partes interessadas relativamente à implementação do MTB-MLE: (1) exprimir melhores ideias, (2) desenvolver a auto-confiança, (3) melhor retenção e (4) promover um ambiente amigável. Por outro lado, os factores que dificultam a implementação do MTB-MLE dividem-se em quatro temas significativos: (1) ambiente multilingue, (2) dificuldade de tradução, (3) inadequação dos materiais didácticos e (4) cumprimento obrigatório da ordem do DepEd.

Perspetiva das partes interessadas sobre a implementação do MTB-MLE

A implementação do ensino multilingue baseado na língua materna (MTB-MLE), tal como é vista pelos sete grupos de partes interessadas, produziu um resultado rico sobre o qual vale a pena refletir para obter melhores resultados.

As Discussões dos Grupos de Foco (FGDs) de diferentes sectores representando as partes interessadas na educação emergiram em dois temas principais relativos à implementação do MTB-MLE. As ideias positivas procuradas representavam os benefícios da utilização da língua materna no ensino básico dos 1º, 2º e 3º anos, enquanto os comentários e observações negativos representavam os desafios na implementação desta reforma educativa no ensino básico das Filipinas. Como se pode ver na figura, o fluxo de ideias representa uma pilha que normalmente funciona com dois lados opostos para acender a energia que está bloqueada. Assim, o modelo concetual tipifica o fluxo de energia que impulsiona o programa MTB-MLE a continuar a trabalhar para aperfeiçoar os resultados finais desejados.

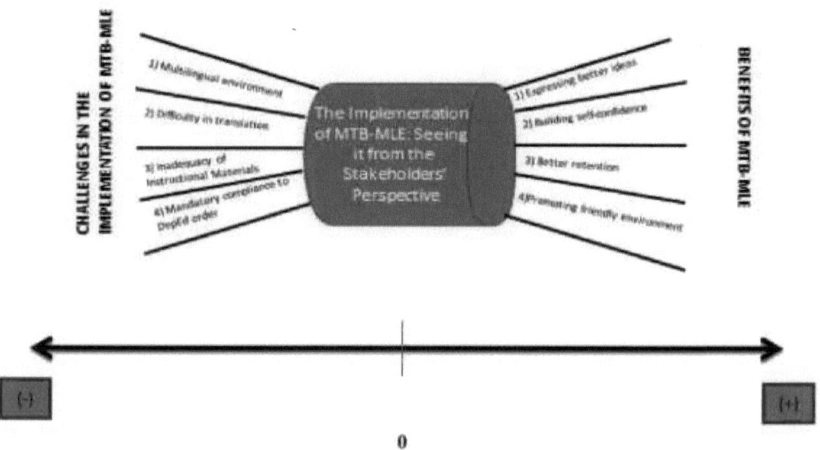

Figura 1. Benefícios e desafios na implementação do MTB-MLE

<u>Benefícios do MTB-MLE</u>

Exprimir melhores ideias

A maioria dos professores-participantes revelou que a utilização da língua materna como meio de ensino para os alunos dos 1º e 2º anos pode facilitar uma melhor expressão de ideias e compreensão das aulas. Cinco professores (T1, T2, T4, T6, T8) da escola central e dois (T1, T3) da escola barangay notaram que os pensamentos, sentimentos e compreensão dos alunos sobre a lição são facilmente expressos usando o tagalo. O uso do tagalo ajudou a compreensão funcional em matemática, ou seja, os alunos podem interpretar as lições dadas e podem compreender bem como calcular expressões numéricas. Uma declaração de um professor representou esta perspetiva: "*O DepEd emite uma ordem que utiliza a língua materna para que as crianças ou os alunos compreendam facilmente as lições e para que adoptem facilmente o que deve ser aprendido e para que possam exprimir os seus sentimentos, ideias ou pensamentos em relação às lições. Para mim, utilizo o MTB ou o susong wika em tagalog porque é a única língua em que os meus alunos se entendem uns aos outros, tendo em conta que a minha turma é uma mistura de yogad, ilocano e tagalog*".

Do mesmo modo, os alunos-participantes afirmaram que é fácil compreender o filipino e mais fácil de ler do que o inglês, o que resulta numa melhor compreensão da aula (P5, P7, P8 , grau 1 e P1, P3 grau 2 da escola central; P1, P3, P4, P5, P6, P7, P8, P9, P10 da escola barangay). Foram típicos os seguintes comentários:

Aluno 5: ... *mas gusto ko angPilipinoparapo maintindihan...* (Gosto de filipino porque consigo perceber melhor).

G1-Aluno 7: . *para po makapagbasa... Minsan din po Inglês.* (...por isso sei ler... mas às vezes gosto de inglês...)

Aluna 8: *Para marunongpo akong magbasa...* (... Para eu saber ler)

Os alunos do segundo ano afirmaram que as aulas de matemática são fáceis de compreender quando são dadas em tagalo/filipino:

G2-Aluno l: . *dahilang Pilipino ay mas medaling intindihin.*(O filipino é fácil de compreender)

Aluno 2: . *mas madali at lalong maintindihan.* (É mais fácil e melhor de compreender)

Os pais consideram que o governo quer provavelmente que os alunos aprendam melhor e mais depressa utilizando a língua materna. Os membros da Associação de Pais e Professores e da

Comunidade (PTCA) confirmam a opinião de que os alunos gostam de ouvir histórias em filipino e de exprimir facilmente as suas ideias. Representando as declarações de muitos pais, uma mãe sublinhou os resultados da aprendizagem individual no seu comentário: *"A minha opinião é que é importante não perder a língua materna, mas sobretudo que os meus filhos falem o ilocano e que o tagalo não seja uma língua materna.* (Para mim, não há problema em usar a língua materna, mas devia ser o Tagalog em vez do Ilocano).

Os membros do Conselho Escolar Local (LSB), representados pelo Diretor da Escola e pelo Supervisor do Distrito, afirmam que a utilização do Tagalog como meio de instrução permite uma melhor compreensão das lições; existe uma compreensão real do que é lido em filipino em comparação com a mera articulação do som inglês, mas sem uma compreensão real dos conceitos. Do mesmo modo, os membros seleccionados da Organização Não Governamental (ONG) e da Unidade Governamental Local (UGL) mencionaram que é bom utilizar a língua materna como meio de instrução porque pode melhorar o desempenho académico, devido à capacidade dos alunos de exprimirem os seus sentimentos e pensamentos sobre a aula. Estas perspectivas das três partes interessadas eram semelhantes entre a maioria dos professores, alunos, pais e organizações não governamentais (ONG) que salientaram o valor do ensino da língua materna para aumentar a compreensão das aulas por parte dos alunos. Um membro do Conselho Escolar Local (LSB) argumentou, *"Na Escola Central Oeste de Echague as crianças podem facilmente compreender o conceito do que o professor está a explicar porque são bem versadas no dialeto."*

Vários estudos locais afirmaram a importância da utilização da língua materna no ensino dos alunos, como a Primeira Experiência de Iloilo, realizada entre 1948 e 1954 por José D. Aguilar, que foi pioneiro na utilização do Hiligaynon como meio de ensino nos graus 1 e 2. Os testes mostraram que as crianças ensinadas em Hiligaynon tinham um desempenho superior ao das crianças ensinadas em inglês em leitura, matemática e estudos sociais. O estudo não só mostrou que os alunos L1 eram capazes de transferir os conhecimentos aprendidos na sua L1 para o inglês, como também constatou que os alunos L1 alcançavam os alunos L2 nos seus conhecimentos de inglês no prazo de seis meses após terem sido expostos ao inglês como meio de instrução.

Outros programas relacionados que podem ser mencionados são a Segunda Experiência Linguística de Iloilo (1961-1964); a experiência de Rizal (1960-1966); o programa de seis anos First Language Component-Bridging (FLC-BP) sobre educação "transitória" na província de Ifugao; e os projectos de alfabetização da Associação de Tradutores das Filipinas (TAP), responsável pelo desenvolvimento de materiais de alfabetização em mais de trinta línguas.

De acordo com Jordan (2010), "nunca se ensinará uma nova língua a uma criança pontuando, ridicularizando e apagando à força a sua primeira língua". No início da educação, o ensino da língua materna é muito importante não só para desenvolver uma base educacional sólida, mas também para reforçar o desenvolvimento cognitivo dos alunos. Se a língua materna não for utilizada no ensino, existe um grande fosso entre a casa do aluno e a escola. Ao desenvolver as competências de literacia na primeira língua, o MTBMLE ajuda a reforçar a primeira língua e proporciona uma transição suave da L1 (primeira língua) para a L2 (língua nacional) ou L3 (língua internacional) para ser utilizada como meio de ensino.

Desenvolver a auto-confiança

As lições significativas trazidas pela compreensão dos conceitos transmitidos na língua materna permitiram aos alunos desenvolver a auto-confiança e uma participação mais ativa no trabalho da aula (T5, T10). Os professores-participantes revelaram que a utilização da língua materna nas aulas permitia aos alunos exprimir livremente as suas respostas. Um professor descreveu este ponto de vista: *"Quando as crianças entram na escola, já começam a ganhar confiança na sua capacidade de*

comunicar de forma significativa na sua língua materna".
Um aluno do 2º ano (P4) admitiu que não pode ter medo quando recita na aula utilizando a língua filipina. Em consonância com esta afirmação, um pai respondente (Pr4) partilhou que, quando a língua utilizada na aula foi mudada de Ilocano para Tagalog, que é a língua materna do seu filho, houve uma mudança no nível de auto-confiança da criança na participação na aula. Um aluno desta categoria disse: *"Hindi natatakot magsalita at magrecite."* (Não tenho medo de falar e participar na recitação).

Além disso, a experiência de aula de um professor-participante (T2), partilhada durante uma discussão de grupo de foco com membros do PTCA, ajuda a provar o aumento da auto-confiança dos alunos nas aulas que utilizam a língua materna, particularmente o tagalo, como meio de instrução. e afirmou *"Kapag Filipino halimbawa ang kuwento makikinig na sila... at halos lahat eh nakakapagsabi kung ano ang saloobin nila lalu na sa mga tanong."* (Quando as histórias são contadas em filipino, os alunos ouvem com atenção e quase todos querem exprimir as suas ideias e reagir às perguntas). Um membro de uma ONG (ONG10) também afirmou o aumento da autoconfiança do seu filho nas aulas que utilizam a língua materna, como evidenciado pela participação ativa e consistente da criança. Este tema recorrente foi evidente nas discussões dos grupos de foco entre os membros do Conselho Escolar Local (LSB) e os funcionários do governo local. Por exemplo, um membro do Conselho Escolar Local (LSB) declarou: *"As crianças têm confiança em comunicar. Até podem falar com os pais sobre as aulas na escola, o que é muito importante no processo educativo".*

A língua materna e a respectiva cultura são fontes fundamentais de identificação e auto-confiança. Através da utilização da língua materna e da educação para a literacia bilingue, bem como de currículos culturalmente adaptados nas escolas, são valorizados os conhecimentos e as práticas comunicativas da comunidade do indivíduo. A educação para a literacia expande, nestas condições, o repertório comunicativo de um indivíduo, incluindo as possibilidades de o aprendente moldar e participar na interação social (Ouane, 2003).

Programas de MTB-MLE sólidos e bem planeados ajudam os alunos a construir uma base educacional sólida quando 1) permitem e encorajam os alunos a desenvolver fluência oral na sua L1; 2) introduzem a leitura e a escrita na L1; ajudam os alunos a tornarem-se fluentes e confiantes na literacia da L1; e 3) desenvolvem a sua capacidade de usar a L1 para a comunicação quotidiana e para a aprendizagem na escola (Malone, 2007).

Schweers (1999) investigou o uso da L1 nas suas turmas monolingues de língua espanhola em Porto Rico. Observou que uma elevada percentagem de alunos (mais de 80%) considerava útil o uso da L1 na sala de aula. Os alunos referiram os seguintes casos em que consideram o uso da L1 mais útil: para explicar conceitos difíceis; quando se sentem perdidos; para se sentirem mais confortáveis e confiantes; para verificar a compreensão; para definir novos itens de vocabulário. Embora todos os professores tenham declarado utilizar a L1 em certa medida, consideraram que o uso da L1 pode ser mais restrito do que o dos alunos nas situações acima referidas.

Melhor retenção

Um professor-participante (T1) e um diretor de escola que também é membro do Conselho Escolar Local (LSB) consideraram que a utilização da língua materna como meio de instrução resulta numa melhor retenção das aulas. Explicaram que quando as lições são compreendidas, como no caso da matemática, os conceitos serão facilmente recordados quando as situações o exigirem. O Tagalog ou a língua filipina como língua materna é utilizada como meio de instrução no domínio das disciplinas MTB-MLE, Araling Panlipunan, Edukasyong Pagpapakatao, MAPEH, Matemática e a disciplina filipina. Professores e membros do Conselho Escolar Local (LSB) partilharam a mesma perceção, afirmando: *"O impacto é muito interessante, como na Matemática; os alunos gostam porque compreendem os conceitos. Torna-se agradável para eles, ao contrário do que acontecia antes, em que usavam o inglês e só alguns o compreendiam."* Alguns alunos dos 1º e 2º anos referiram a repetição de tópicos no MTB-MLE e no Filipino como áreas disciplinares, ou seja, notaram que há semelhanças de conceitos apresentados nos dois cursos, embora o primeiro se centre na leitura e o segundo na língua. Um professor da escola central (T11) e membros do PTCA (Professor2 e Pai1) apresentaram a observação dos alunos sobre os temas repetidos nas duas disciplinas. A variação na apresentação das aulas não esconde as semelhanças.

Uma melhor retenção das aulas pelos alunos, atenuada pelo ensino da língua materna, contribui para a produtividade não só a nível pessoal, mas também a um nível mais alargado. As crianças cuja primeira língua não é utilizada na escola... apresentam níveis de aprendizagem mais baixos e têm muito menos probabilidades de contribuir para o desenvolvimento económico e intelectual de um país (Banco Mundial, 2006, página 4). Um funcionário de uma Unidade Governamental Local (UGL) mencionou que *"As crianças que aprendem a ler e a escrever na língua que usam todos os dias em casa, seja qual for a escrita utilizada, são mais confiantes, mais activas e, em última análise, mais bem sucedidas na escola e, por conseguinte, têm mais probabilidades de se tornarem verdadeiramente bilingues, igualmente proficientes tanto na sua língua materna como na língua nacional e, por conseguinte, participantes mais activos e contribuintes para o desenvolvimento nacional. Uma vez que os pais compreendem melhor o que os filhos estão a aprender, também eles passam a apoiar mais a educação e a manter os filhos na escola."*

Ramirez, Yuen e Ramey (1991) estudaram os efeitos nas crianças de minorias linguísticas da estratégia de imersão (currículo totalmente em inglês), dos programas bilingues de saída precoce (1 a 3 anos de L1) e de saída tardia (3 a 6 anos). O seu relatório mostra que "fornecer instrução substancial na língua principal da criança não impede a aprendizagem da língua inglesa ou das competências de leitura". De facto, os alunos latinos que receberam instrução sustentada na sua língua materna tiveram melhores resultados académicos do que os que estudaram num programa exclusivamente em inglês. O relatório também indica que, no que diz respeito a ajudá-los (alunos latinos) a adquirir competências em matemática, língua inglesa e leitura, não houve diferença substancial entre fornecer a um aluno com um nível limitado de inglês instrução apenas em inglês até ao terceiro ano e fornecer-lhe apoio em L1 durante três anos.

O estudo de 1997 de Thomas e Collier também chegou a conclusões semelhantes. Descobriram que, ao fim de 11 anos, as crianças americanas cuja língua materna não é o inglês e que receberam uma educação totalmente em inglês foram as que aprenderam menos inglês. Também tiveram as pontuações mais baixas nos testes padronizados e só conseguiram terminar entre o 11th e o 22nd NCE. Os que receberam um a três anos de ensino de L1 obtiveram resultados entre 24th e 33rd NCE. Por outro lado, os alunos ensinados na sua língua materna durante seis anos obtiveram resultados superiores à média dos falantes nativos de inglês nos testes de inglês e académicos. Classificaram-se acima das normas nacionais nos 54th NCE.

Num estudo financiado pelo Banco Mundial, Dutcher, em colaboração com R. Tucker (1994), analisou a experiência internacional sobre a utilização da primeira e da segunda línguas no ensino e produziu três conceitos importantes. Primeiro, o desenvolvimento das capacidades cognitivas da criança através da L1 é mais eficaz do que uma maior exposição à L2. Os conhecimentos e as competências adquiridos através da L1 não precisam de ser reaprendidos, mas simplesmente transferidos e recodificados na L2. Em segundo lugar, a linguagem de conversação numa L2 pode ser alcançada num período de 1 a 3 anos, mas o sucesso escolar depende do domínio da linguagem académica pela criança, o que pode levar de quatro a sete anos. Terceiro, os indivíduos desenvolvem facilmente competências cognitivas e dominam os conteúdos quando são ensinados numa língua familiar. Podem acrescentar imediatamente novos conceitos ao que já sabem. Não precisam de adiar a aprendizagem de conteúdos antes de dominarem uma L2.

Promover um ambiente favorável

Os alunos do 1.º e 2.º anos de escolaridade apresentam comportamentos distintos na escola, tais como uma capacidade de atenção reduzida, emoções fáceis como a excitação, o medo, a raiva ou a timidez. As experiências vividas durante os primeiros anos na escola podem influenciar significativamente a perspetiva dos alunos em relação aos estudos, à carreira e à vida. A promoção de um ambiente de ensino-aprendizagem amigável deve ser uma das tarefas mais importantes dos professores. Incentivar uma criança a falar na aula começa por permitir que a criança fale na sua língua materna. Os professores-participantes (T1, T2, T3), um membro do PTCA (T2), um membro de uma ONG (ONG3) e os directores da escola (Diretor e Supervisor Distrital) como membros do conselho escolar local têm relatos consistentes sobre o efeito da língua materna como meio de instrução na construção de uma atmosfera de aprendizagem adequada. Declararam: *"Quando os alunos entram nos portais da sala de aula trazendo consigo conhecimentos sobre a língua materna, serão capazes de compreender melhor, divertir-se mais e ficarão altamente motivados para assistir às aulas, porque podem compreender a língua dentro da sala de aula"*. Um membro do Conselho Escolar Local (LSB) mencionou: *"o impacto é muito interessante, como na Matemática, os alunos gostam porque compreendem os conceitos. Torna-se agradável para eles, ao contrário do que acontecia antes, em que usavam o inglês e só alguns o compreendiam"*.

Os professores que têm contacto direto com os alunos dos 1º e 2º anos consideram a língua materna como um instrumento importante para aperfeiçoar as capacidades dos alunos de falar, ouvir, ler e escrever, e os próprios professores sentem-se à vontade para dar aulas em tagalo ou filipino. A facilidade de expressão, tanto do professor como dos alunos, resulta numa maior compreensão das aulas e numa maior participação na aula. Um membro do PTCA partilhou uma observação sobre o entusiasmo de um aluno ao expressar uma ideia sobre uma história lida em língua filipina. Experiências escolares satisfatórias fazem com que os alunos se interessem pelos seus estudos e perseverem mais (ONG3). Além disso, os directores das escolas notaram a redução dos casos de abandono escolar por parte dos alunos, porque já não se sentem alienados na sala de aula, ao contrário do que acontecia nos anos anteriores, quando os alunos eram expostos a uma língua estrangeira nas aulas. Este facto corrobora as conclusões do Banco Mundial em 2005, segundo as quais cinquenta por cento das crianças que não frequentam a escola no mundo vivem em comunidades onde a língua de escolarização raramente, ou nunca, é utilizada em casa. Este facto sublinha o maior desafio na consecução da Educação para Todos (EPT), um legado de práticas não produtivas que conduzem a baixos níveis de aprendizagem e a elevados níveis de abandono e repetição.

A educação para a literacia é bem sucedida num ambiente de aprendizagem positivo, em que alunos e professores se sintam confortáveis com a utilização geral da língua. Um ambiente positivo, de acordo com a investigação sobre o cérebro, é um pré-requisito para a aprendizagem. O sucesso na aprendizagem aumenta a autoestima e a motivação para frequentar a escola. O stress e a ansiedade são prejudiciais à aprendizagem e a investigação mostra que os professores recorrem mais rapidamente a medidas coercivas quando ensinam em línguas menos familiares (Ouane, 2003).

Alguns estudos identificaram o valor do ensino da língua materna entre professores e pais, particularmente nos primeiros anos de aprendizagem. Isto é parcialmente evidenciado nos casos em que se verificou que os professores trocam de código entre uma língua internacional e a língua materna, a fim de facilitar a compreensão (Ambatchew, 2010). Alguns estudos em comunidades onde as partes interessadas locais estavam envolvidas no programa de língua materna da escola também apontaram para o reconhecimento de que a aprendizagem era mais facilmente facilitada na primeira língua do aluno (Chimbutane, 2011); Chimbutane & Benson, 2012; Trudell, 2006). Para além disso, Stone (2012) concluiu que as oportunidades de desenvolvimento profissional MTB-MLE podem melhorar as atitudes dos professores em relação à língua materna. De acordo com estes estudos, pode concluir-se que a política linguística é melhor conduzida em situações em que as partes interessadas da comunidade estão envolvidas no processo.

Em geral, muitos dos intervenientes locais do programa MTB-MLE reconhecem o seu valor, especialmente para os jovens alunos. A maior parte deles observou que o programa tem um impacto positivo nestes jovens aprendentes. Malone (2010) enfatizou a importância do MTB-MLE: "A maioria dos estudantes que entram nos programas MLE já se sentem confortáveis a usar a sua língua materna para a comunicação diária - um programa de educação linguística que ajuda a construir um

Os alunos podem aprender uma língua estrangeira, com uma base educacional sólida nessa língua, fazer a ponte com sucesso para uma ou mais línguas escolares e depois utilizar ambas ou todas as suas línguas para a aprendizagem ao longo da vida". Assim, o programa MTB-MLE funcionará como uma ponte forte para permitir que os alunos continuem a sua educação com boas bases e sejam capazes de respeitar a língua e a cultura uns dos outros.

Desafios na implementação do MTB- MLE

A perceção dos desafios de uma reforma pode afetar a sua capacidade de ser implementada no terreno. As opiniões gerais dos intervenientes sobre estes desafios reflectiram-se nas suas percepções sobre a viabilidade da implementação na sala de aula. Os dados revelaram quatro temas principais relacionados com estes desafios. Estes incluíam o ambiente multilingue, a dificuldade de tradução, a inadequação dos materiais didácticos e o cumprimento obrigatório das ordens do DepEd.

Ambiente multilingue

Um desafio à implementação do ensino baseado na língua materna é o ambiente multilingue. Uma professora (T8) referiu que a sua turma é uma mistura de diferentes línguas, como o Ilocano, o Yogad, o Ibanag e o Tagalog, pelo que tem de utilizar o Tagalog como língua materna que é comummente compreendida por todos os seus alunos. Ela exprimiu este ponto de vista: *"Estou a usar o tagalo na minha sala de aula porque os meus alunos são Ilocano, Yogad e Ibanag"*. As crianças cuja língua materna não é o tagalo não recebem instrução na sua língua materna, embora a política exija a utilização da língua materna exclusivamente nos três primeiros níveis de ensino. Uma tentativa de utilizar o Ilocano como meio de instrução foi feita por um professor-participante (T10) numa escola central, mas os pais (P1, P4, P5, P6, P7) cujos filhos não conseguiam compreender o Ilocano queixaram-se, pelo que o professor teve de mudar para o Tagalog ou o Filipino, que as crianças conseguem comunicar normalmente. Este tema recorrente era evidente em todas as discussões dos grupos de discussão. Por exemplo, um professor declarou: *"Ang MTB ay nakakatulong lalo na sa part ng mga bata kasi sa pagrecite... nagrerecite sila dahil yung iba sa kanila kaya nilang iexpress ang kanilang sarili samantalang pag English yung iba ayaw na nila mag recite....kasi bago ako nag-umpisa sinabi ko ang mother tongue na gusto ko ituro...na gusto ko magturo ng Ilocano."* (As MTB facilitam a participação na aula, porque podem exprimir facilmente as suas ideias, mais do que em inglês. Antes de começar a lecionar, disse à minha turma que queria ensinar em Ilocano.) Uma conversa noutro grupo de discussão também foi indicativa desta perceção comum:

Pa 1: *"Sa opinion ko po okey lang naman na gumamit ng mother tongue pero mostly kasi sa mga bata po namin dito hindi nakakaintindi ng Ilocano kaya mas okey ang Tagalog na gagamitin na mother tongue."* (Na minha opinião, não há problema em usar a língua materna, mas a maioria dos nossos alunos aqui não entende o Ilocano. Por isso, é melhor usar o tagalo como língua materna).

Pa 4: *"Matuto din... pero kung tutuusin ang talagang dapat na gamitin tagalog..."* (Também pode ser aprendido, mas na verdade é o tagalog que deve ser usado).

Pa 5: *"Meron po kasing Ilocano na mahirap po talagang intindihin kahit na lumaki na po dito meron po yung part dun na hindi naiintindihan."* (Há termos Ilocano que são realmente difíceis de compreender, mesmo que eu tenha crescido no local. Ainda há termos que não consigo entender).

Pa 6: *"Ipilit nila ang mother tongue kaya mas mainam ang Tagalog kaysa sa Ilocano."* (Eles insistem em usar a língua materna, por isso é realmente melhor usar o Tagalog do que o Ilocano).

Pa 7: *"Pati din ako sir nahihirapan din yung anak ko sa Ilocano."* (O meu filho também tem dificuldade em compreender o Ilocano).

O ambiente multilingue constitui um problema para o cumprimento rigoroso da política de ensino baseada na língua materna, não só por parte dos alunos, mas também por parte dos professores que não conseguem falar bem a primeira língua da sua turma. A solução comummente procurada para o problema é utilizar a língua nacional, que é o filipino ou o tagalo.

Existem desafios formidáveis no planeamento, implementação e manutenção de programas de EML de qualidade. De acordo com Malone (2010), estes incluem várias línguas (muitas com vários dialectos), falta de ortografias práticas, falta de falantes de outras línguas com credenciais de ensino, falta de literatura escrita, várias línguas maternas, turmas grandes, falta de currículos e materiais didácticos.

A questão da utilização pelo professor da TA dos alunos no ensino de LE tem sido explorada numa variedade de línguas e está sobretudo relacionada com a Hipótese da Interdependência Linguística, com princípios universais de aquisição de línguas estrangeiras e com modelos multilinguísticos. Os estudos sobre a transferência entre a MT e a LE indicam uma interdependência linguística (Jessner & Cenoz, 2000) no que diz respeito a múltiplos subsistemas (fonológico, sintático, semântico e textual) dentro dos sistemas da MT e da LE (Herdina & Jessner, 2002). Bouvy (2000) apoiou a teoria da transferência interlinguística no que diz respeito às competências de literacia. Da mesma forma, Hauptman, Mansur e Tal (2008) usaram um modelo trilingue para competências de literacia entre beduínos em Israel cuja MT é o árabe e descobriram que "criou um sistema de apoio ao árabe, a língua materna, através do inglês [FL] e do hebraico [MT2]". Outros investigadores afirmaram que a MT catalisa o processo de receção da LE (por exemplo, Ellis, 1994), para além de poupar tempo e melhorar a compreensão (Turnbull, 2001). Cook argumentou que uma "utilização sistemática" (2002, p.403) da MT minimizaria os sentimentos de culpa dos professores quando utilizam a língua materna dos seus alunos. Cook (2002, p. 23) também argumentou que "dado o ambiente apropriado, duas línguas são tão normais como dois pulmões".

Vários argumentos psicolinguísticos contribuem para a posição que defende a utilização da língua materna dos alunos pelo professor: Em primeiro lugar, a utilização da língua materna pelo professor não pode constituir uma ameaça para a aquisição da língua estrangeira, porque os alunos já têm uma base linguística da sua língua materna. Devido a esta base, os alunos estão mais desenvolvidos socialmente e têm mais capacidade de memória a curto prazo e mais maturidade quando se familiarizam com a LE (Cook, 2002). Por conseguinte, não há concorrência entre a sua MT e a FL. thEm segundo lugar, a crença no século XX era de que a MT e a FL constituem sistemas distintos no cérebro. No entanto, as provas mostram que as línguas estão interligadas no cérebro a nível do vocabulário, da sintaxe, da fonologia e da pragmática. Por conseguinte, o ensino das FL deve corresponder aos processos invisíveis no cérebro e não deve ser separado da MT, partindo do princípio de que a capacidade de transferência entre línguas (code-switch) é um processo psicolinguístico normal (Cook, 1996; 1997). Em terceiro lugar, o processo de aquisição de uma língua estrangeira envolve factores cognitivos, sociais e emocionais que são inseparáveis e estão igualmente relacionados com a língua materna e a língua estrangeira.

Dificuldade de tradução

Traduzir o conteúdo das aulas nas línguas locais e mesmo nos dialectos como forma de abordar o uso da língua materna para os não falantes de tagalog é um grande desafio para os professores. A experiência de uma professora de uma escola barangay (T2) ilustra este facto, uma vez que o filipino ou o tagalog são utilizados como língua materna, mas quando são utilizados termos filipinos desconhecidos na aula, ela tem de traduzir para a língua yogad. Um professor expressou a sua frustração: *"Ang MTB po kasi dito is Filipino kaya lang minsan po kung meron din po talaga yung mga mahihirap na malalim na Filipino, yung ginagamit ay Yogad..."* (A nossa língua materna aqui é o filipino, mas quando encontramos termos desconhecidos traduzimos para a língua Yogad). O local da investigação, na cidade de Echague, Isabela, é conhecido como um local onde se fala Yogad, mas a mobilidade social e os casamentos mistos resultaram na utilização de várias línguas e mesmo dialectos, como as variedades de Ibanag e Ilocano, pelos residentes, mas que não são familiares a alguns professores do local. Isto cria um grande desafio para o professor, que tem de falar nas diferentes primeiras línguas faladas pelos seus alunos. Um professor explicou: *"Sabi sa amin sa seminar sir.kahit Ilocano ang teacher kung ang pupils mo naman karamihan ay Tagalog mas malilito ang mga bata.Ilokano kang Ilocano hindi naman alam ng mga pupils mo kasi hindi ka naman nag tatagalog.kaya ang tinitingnan dito sir kung ilan ang nagsasalita ng Filipino at ilan ang nagsasalita ng Ilocano. Kung ang bilang ng mga Ilocano pupils mo ay out of 32 mayroon lang 3 pupils. we need to use that language because the purpose of MTB is to help pupils understand more of the lessons in the class".*(Foi-nos dito num seminário que se o professor é Ilocano e a maioria dos alunos são Tagalog, então devem ser ensinados em Filipino. Não vale a pena falar em Ilocano se os alunos não o conseguirem compreender).

Outro problema agravante na linguagem académica é o das aulas que criam terminologias impraticavelmente mais longas, como na contagem de números e na tabela de valores posicionais falada em filipino. Um professor-participante (T9) recordou que os termos em matemática falados em tagalo são longos ou prolixos. O professor declarou: *"Sa akin naman sir. sa Grade 2 lahat ng subjects ay itinuturo kong MTB except English. Noong una medyo nahihirapan ako sa Mathematics lalo na doon sa place value na ones, tenths, hundredths sa English and then isahan, sampuhan. O que é que eu faço é usar o MTB como parte dos meus alunos, mas não posso fazer nada. Os professores precisam de utilizar estratégias, metodologias e materiais adequados no ensino. Por isso, há tradução do inglês para o filipino para uma melhor compreensão por parte dos alunos." (*Para mim, no 2º ano, uso a língua materna em todas as disciplinas, exceto no inglês. No início, encontrei dificuldades no ensino da Matemática, como as lições sobre a tabela de valores posicionais, traduzindo unidades, décimas e centésimas, incluindo a contagem de números. Mas, por parte dos alunos, a utilização da língua materna no ensino da Matemática fá-los compreender facilmente a lição).

Surpreendentemente, alguns alunos do 1.º ano de uma escola central preferem o inglês como meio de instrução para poderem comunicar com crianças ou colegas que falam inglês (Pu1, Pu2, Pu3, Pu4). Este desafio pode ser atribuído à sua exposição anterior à língua inglesa, como na utilização da Internet; frequentam o you tube, os jogos de vídeo e os desenhos animados. Quatro alunos mostraram-se confiantes nas suas afirmações: Pu 1 : "Inglês..."; Pu2: *"Para alam magsalita ng English"* (.para que eu saiba falar inglês); Pu 3: *"Inglês...kasi po eh pag kinakausap po akong mga batang Amerikano para matuto po ako."* (Prefiro inglês porque posso usá-lo quando falo com um miúdo americano como eu); e Pu 4: *"English po..."* (Gosto de inglês). Da mesma forma, um alto funcionário do governo local mencionou que o inglês deveria ser o meio de instrução, considerando a prevalência global do inglês. Os professores e os pais manifestam o desejo de que os alunos adquiram competências em inglês. Em particular, o conhecimento de inglês é geralmente equiparado a privilégios e à abertura de oportunidades. A professora declarou: *"Aprender a língua materna só é bom no local onde os alunos vivem, mas aprender a língua inglesa ou o mandarim será vantajoso para os alunos porque, no nosso mundo atual, o inglês ou o mandarim é a língua das empresas multinacionais ou do mundo dos negócios. Se utilizarmos o inglês, é provável que consigamos comunicar com o resto do mundo".* Estes comentários sublinham a importância de possuir competências de literacia em inglês, mas também indicam uma hesitação em acreditar que o MTB-MLE poderia ter impacto no desenvolvimento dessas competências.

[st]Este resultado confirma as conclusões de Sibayan (1999) de que estas noções de inglês perduraram até ao século XXI, onde os falantes de línguas minoritárias continuam a sentir-se inferiores e a insistir na utilização do inglês no ensino nas salas de aula. Acreditam que a proficiência em inglês pode abrir portas de oportunidades para as crianças à medida que avançam na vida, e que "os pobres devem ter acesso à língua que lhes proporciona essas oportunidades". Como afirmam Williams e Cooke (2002), "as famílias vêem o inglês como uma língua 'forte' e o inglês da escola primária como o primeiro passo para um cobiçado emprego de colarinho branco". O valor económico associado ao inglês empurrou-o para o topo da agenda de aprendizagem de muitas partes interessadas, sacrificando

simultaneamente as línguas locais (Hornberger &Vaish, 2009; Ricento & Hornberger, 1996).

Inadequação dos materiais didácticos

A questão mais comummente levantada pelas partes interessadas sobre a implementação da EML-MT é a indisponibilidade ou inadequação dos manuais escolares e dos materiais didácticos que podem facilitar a execução adequada do programa (T1, T2, T3 numa escola barangay; LSB; PTCA, ONG, LGU, etc.). O governo não forneceu materiais logo após a emissão de um memorando sobre a implementação do MTB-MLE; em vez disso, durante a terceira semana de aulas, as escolas receberam guias curriculares que contêm competências essenciais. Mais tarde, os directores receberam pacotes de aprendizagem que incluem algumas lições e fichas de trabalho dos alunos, mas estes materiais tiveram de ser reproduzidos a expensas dos professores. Os professores e administradores afirmaram que o seu ensino tinha sido afetado por estes materiais limitados. De acordo com um professor e membro do Conselho Escolar Local (CLL):

T1: "*Noong una sir, sa akin, noong nagtraining ako, ang ibinigay lang eh CD...ayon sa Division Personnel, ang sabi.reproduce nalang naming ganun...* "(Depois da minha formação, deram-me um CD e o pessoal da Divisão disse-me para o reproduzir).

LSB 1: "*Em primeiro lugar, gostaria talvez de expor a realização de um seminário, por exemplo, a nível nacional, durante quantos dias, e depois uma formação a nível da divisão e, imediatamente a seguir, a realização de um seminário e a utilização de materiais didácticos, porque os pais não podem ser obrigados a dar aulas aos professores. Número um: materiais didácticos*". (Deve ser realizado um seminário a nível nacional, que será transmitido em cascata ao nível das divisões. Depois do seminário, devem ser dados materiais didácticos aos professores, porque sem estes materiais de aprendizagem os pais e os professores terão dificuldade em ajudar os alunos nas suas aulas).

O programa MTB-MLE raramente foi contestado em termos pedagógicos, mas os desafios estruturais podem impedir a sua correcta implementação. No meio de alegações de sucesso com o MTB-MLE, Dutcher (2003) admitiu que, em última análise, é ineficaz quando há falta de materiais, má formação de professores e desenvolvimento linguístico inadequado. Ambatchew (2010) argumentou que "a menos que seja criado um ambiente rico em livros, cartazes, televisões e programas de rádio no meio ou meios de ensino, os alunos estão condenados ao fracasso". Embora o desenvolvimento material tenha sido apoiado por muitas organizações sem fins lucrativos ou não governamentais, a capacidade é limitada a apenas algumas comunidades. Mesmo assim, estas organizações têm dado um apoio material mais forte às iniciativas de língua materna do que o governo nacional em muitas circunstâncias (Bloch, Guzula, & Nkence, 2010).

O Ministério da Educação preparou módulos e guias de ensino nas línguas ilocano e filipina para a região do vale de Cagayan. No entanto, estes recursos não foram disponibilizados atempadamente e há escolas que apenas obtiveram a cópia eletrónica dos materiais de ensino armazenados em CD.

Os materiais de instrução em língua ilocano dados a um professor (T10) foram utilizados apenas durante um curto período de tempo, porque os pais (Pr1, Pr4, Pr4, Pr5, Pr6, Pr7) se queixam das dificuldades sentidas pelos seus filhos em compreender as aulas em ilocano. O tempo de espera para a substituição trouxe outro desafio à questão. Apesar do ambiente complexo para enfrentar estes desafios, o nível de esperança manteve-se elevado para todos os intervenientes no programa MTB-MLE.

Cumprimento obrigatório da ordem do DepEd

As partes interessadas apontaram frequentemente a política como seu guia e disseram que não tinham outra escolha senão implementar de acordo com as expectativas do DepEd. Os professores, os pais, o Conselho Escolar Local e a Unidade Governamental Local descreveram esta abordagem à implementação como uma forma de apoio, explicando que o seu cumprimento promovia os objectivos do MTB-MLE. Este tema recorrente foi evidente em todas as discussões dos grupos de discussão. Por exemplo, um professor declarou, *"Sinasabi na lang namin na maganda angMTB for mastery... pero noong una kasi talagang negative ang impact sa amin, dahil naiimplement na iyan dapat positive na din kung ano ang isasagot namin..."* (Nós afirmamos que o MTB-MLE é bom para o domínio. Mas no início fomos negativos sobre o seu impacto para nós e porque já está implementado, pensamos que é apenas correto falar do seu resultado positivo). Um Conselho Escolar Local (LSB) disse, *"Se os professores não su/ / portarem o MTB-MLE o que vai acontecer com o programa? Os professores têm de o apoiar porque é uma ordem das autoridades superiores, não podem fazer outra coisa. Por todos os meios eles têm de aprender a língua.* "Outro membro do Conselho Escolar Local mencionou que, "Top *down kasi ang nangyari sa implementation...* (foi uma implementação de cima para baixo) embora o programa seja bom... eu gosto dele." Estas citações demonstram uma forte recetividade à política centralizada do DepEd que parece ultrapassar até mesmo o próprio sistema de crenças dos professores. Embora os professores e outros intervenientes reconhecessem livremente os benefícios e desvantagens da política, como foi discutido no grupo de discussão, eles finalmente reivindicaram apoio à política porque é uma ordem do DepEd. A nível nacional, a abordagem de cima para baixo pode contribuir para uma cultura de conformidade entre os intervenientes locais, em que estes se representam a si próprios como cumpridores das suas ordens (Hoyle & Wallace, 2007; Shohamy, 2006). Os professores, especificamente, podem ser vistos como "servos do sistema", no qual cumprem ordens sem questionar (Shohamy, 2006). Na realidade, estão a interiorizar a política com base nas suas próprias experiências e compreensões do mundo (Silver & Skuja-Steele, 2005). Embora os professores possam ser vistos como implementadores da política, estão na realidade a apropriar-se da política no contexto das ideologias linguísticas locais (Johnson & Freeman, 2010).

As demonstrações de resistência dos professores incluíram pequenos ajustamentos ao seu ensino, de modo a alinhar as suas crenças com a sua prática na sala de aula. Por exemplo, um professor comentou, *"Kung English na ang subject ko...itratranslate ko din sa Filipino...".(*Na minha disciplina de inglês, também traduzo em filipino).As aulas de matemática eram locais comuns de resistência. Muitos dos professores utilizavam terminologia inglesa para transmitir melhor o significado aos alunos. Simplesmente não conheciam a terminologia filipina ou ilocano exacta para os conceitos matemáticos. A declaração de um professor foi representativa da grande frustração relativamente à tradução dos conceitos matemáticos: *"kasi ang Math namin, dati English ang medium of instruction niya. Ngayon ay Filipino na siya. As palavras que podem ser traduzidas para o inglês podem ser traduzidas para o português. Tapos doon sa reading process nila, nahihirapan na sila hindi kagaya noon.kasi dapat Grade 1 din sana, madami sana silang words.ngayon konti na lang...". (*Porque a matemática era ensinada em inglês no passado, agora é ensinada em filipino. Há termos que não conseguimos traduzir para a língua materna e, por isso, eles não conseguem compreender. Os alunos do primeiro ano costumavam já ter aprendido vários termos, ao contrário dos alunos de hoje em dia). Este facto demonstra as adaptações feitas pelos professores ao nível da sala de aula para cumprir os requisitos da política e servir os seus alunos. A soma destas acções aponta para a capacidade dos professores de diferenciar uma política de acordo com a sua perceção dos seus resultados.

Apesar do relativo alinhamento dos intervenientes nas suas percepções sobre os resultados do MTB-MLE, as interacções entre os grupos foram mínimas. Por outras palavras, as acções de apoio e de resistência à EMGL-MTB foram levadas a cabo em esferas de influência separadas. Os professores limitaram o seu trabalho à sala de aula e a outros contextos escolares, enquanto os pais agiram em casa, a direção da escola local monitorizou a implementação do programa, a unidade governamental local apoiou-o fornecendo materiais de tecnologia educativa e mão de obra, fornecendo salários aos professores da direção da escola local, organizações não governamentais, pais-professores e associações comunitárias apoiaram projectos e actividades escolares. Embora a literatura sobre política linguística aponte para a importância do envolvimento da comunidade e da participação de muitos grupos de partes interessadas na mesma questão (Chimbutane & Benson, 2012; Dekker & Young, 2005), a comunidade neste estudo estava segregada nas suas acções. Esta separação pode resultar da natureza tradicional de um sistema de cima para baixo, em que as directivas vêm de fora da comunidade e não de dentro. A perceção de que a política linguística só é levada a cabo nas escolas entra em conflito com a natureza integrada da língua no contexto social mais alargado. Esta visão separatista da implementação da política linguística pode limitar a sua capacidade de vingar.

Conclusão

Esta investigação foi realizada com o objetivo de contribuir para os debates contemporâneos em torno do programa de ensino multilingue baseado na língua materna.

Embora as partes interessadas falassem de obediência e apresentassem declarações exteriores de apoio à política, também exprimiam hesitação quanto ao impacto nos alunos. As suas convicções e acções dissimuladas de resistência na sala de aula e em casa contrastam com o cumprimento ostensivo das orientações políticas. Este facto sugere uma diferença entre a natureza aberta e encoberta da política. Não se pode presumir que uma política será implementada com sucesso simplesmente porque foi emitida uma diretiva. Parece difícil para uma pessoa de fora compreender verdadeiramente o que acontece ao nível do terreno, porque os professores e os pais estão habituados a dar uma imagem de conformidade. O envolvimento das partes interessadas locais no processo de planeamento pode diminuir a ambiguidade sobre a forma como uma política nacional é realmente implementada no terreno.

Além disso, as partes interessadas discutiram as implicações do MTB-MLE na participação na sala de aula e na aprendizagem como um todo. No entanto, as suas opiniões de longa data sobre o inglês como a língua desejada levaram-nos a questionar o impacto do MTB-MLE no desenvolvimento da literacia em inglês. Alguns intervenientes expressaram o receio de que a política cultivasse competências inferiores em inglês, apesar das suas respostas favoráveis ao MTB-MLE durante as discussões dos grupos de discussão.

Os resultados deste estudo podem informar os processos de política linguística em curso noutros contextos multilingues. Em particular, os resultados apontam para a importância de examinar as formas como as partes interessadas compreendem e implementam as políticas linguísticas nacionais. Duas questões importantes foram levantadas nesta investigação: os benefícios do ensino MTB-MLE e os desafios que dificultam a sua implementação.

Em última análise, as experiências e perspectivas dos intervenientes locais podem contribuir de forma significativa para o êxito da implementação do programa MTB-MLE.

Referências

Akinnaso, F. N. (1993). Política e experiência na alfabetização em língua materna na Nigéria. International Review of Education, 39(4), 255-285.

Ambatchew, M. D. (2010). Traversing the linguistic quicksand in Ethiopia.In K. Menken & O. Garcia (Eds.), Negotiating language policies in schools: Educators as policymakers (pp.211-231). Nova Iorque: Routledge.

Ball, J. (2010). Melhorar a aprendizagem de crianças de diferentes contextos linguísticos: Educação bilingue ou multilingue baseada na língua materna na primeira infância e nos primeiros anos do ensino primário. Documento encomendado pela Divisão de Educação Básica da UNESCO, Paris. Obtido em 3 de março de 2014, de http://unesdoc.unesco.org/images/0018/001869/186961e.pdf.

Bangko Sentral Pilipinas. (2010). Overseas Employment Statistics.Retrieved January 30, 2014, from http://www.bsp.gov.ph/statistics/keystat/ofw.htm

Barbour, R. (2007).Doing focus groups. Londres, Reino Unido: Sage Publication Ltd.

Benson, C. (2000). A experiência do ensino bilingue primário em Moçambique, 1993 a 1997. Revista Internacional de Educação Bilingue e Bilinguismo, 3 (3), 149-

Benson, C. (2004a). Bilingual schooling in Mozambique and Bolivia: From experimentation to implementation. Política Linguística, 3, 47-66.

Benson, C. (2004b). Será que esperamos demasiado dos professores bilingues? Bilingual teaching in developing countries. International Journal of Bilingual Education and Bilingualism,7(2), 204-221.

Benson, C. (2004c). A importância da escolaridade baseada na língua materna para a qualidade do ensino. Documento de referência para o relatório de acompanhamento global da EPT de 2005. Paris: UNESCO.

Benson, C. (2005). Girls, educational equity and mother tongue (Raparigas, equidade educativa e língua materna). Bangkok: UNESCO.

Bloch, C., Guzula, X., &Nkence, N. (2010). Rumo à normalização da vida na sala de aula sul-africana: A luta contínua para implementar a educação multilingue baseada na língua materna. Em K. Menken & O. Garcia (Eds.), Negotiating language policies in schools: Educators as policymakers (pp. 88-106). Nova Iorque: Routledge.

Bouvy, C. (2000). Towards the construction of a theory of cross-linguistic transfer. Em J. Cenoz & U. Jessner (Eds.), *English in Europe: A aquisição de uma terceira língua* (pp. 143-155). Clevedon, Inglaterra: Multilingual Matters.

Brock-Utne, B. (2006).Learning through a familiar language versus learning through a foreign language- A look into some secondary school classrooms in Tanzania, International Journal of Educational Development, 27, 487-498.

Burton, Lisa Ann. (2013). Educação multilíngue baseada na língua materna nas Filipinas: Estudando a implementação de políticas de cima para baixo de baixo para cima. Universidade de Minnesota.

Canagarajah, S. (1999).Resisting linguistic imperialism in English teaching. Oxford: Oxford University Press.

Canagarajah, S. (2005).Reconstruindo o conhecimento local, reconfigurando os estudos linguísticos. Em S. Canagarajah (Ed.), Reclaiming the local in language policy and practice (pp. 3-24). Mahwah, NJ: Routledge.

Charmaz, K. (2006). Construção de uma teoria fundamentada: A practical guide through qualitative analysis. Londres, Reino Unido: Sage Publications Ltd.

Chimbutane, F. & Benson, C. (2012). Espaços alargados para as línguas moçambicanas no ensino primário: Where bottom-up meets top-down. Revista Internacional de Investigação Multilingue, 6(1), 8-21.

Cook, V. (2001). Using the first language in the classroom. The Canadian Modern Language Review, 57 (3), 402-415.

Cook, V. J. (Ed.). (2002). *Portraits of the L2 user.* Clevedon, Inglaterra: Multilingual Matters.

Cook, V. J. (1996). *Second language learning and language teaching* (2ª ed.). Londres, Inglaterra: Edward Arnold.

Cook, V. J. (1997). The consequences of bilingualism for cognitive processing. Em A. M. B. de Groot & J. F. Kroll (Eds.), *Tutorials in bilingualism: Psycholinguistic perspectives* (pp.279-299). Hillsdale, NJ: Lawrence Erlbaum.

Creswell, J. (2007). Investigação qualitativa e conceção da investigação: Escolher entre cinco abordagens. (Segunda edição). Thousand Oaks: Sage.

Cummins, J. (1984). Bilingualism and special education: Issues in assessment and pedagogy. Clevedon, Inglaterra: Multilingual Matters.

Cummins, J. (2000). Poder da língua e pedagogia. Bilingual children in the crossfire. Clevedon, Inglaterra: Multilingual Matters.

Davies, A. (1996). Ironizing the myth of linguicism (Ironizar o mito do linguismo). Journal of Multilingual and Multicultural Development, 17, 485-496.

Dekker, D., & Young, C. (2005).Bridging the gap: The development of appropriate strategies for minority language communities in the Philippines. Current Issues in Language Planning, 6(2), 182-199.

Dutcher, N. (1995).The use of first and second languages in education.A review of international experience. Pacific Island Discussion paper Series No. 1. Washington, DC: Banco Mundial.

Dutcher, Nadine em colaboração com Richard Tucker. 1994. A utilização da primeira e segunda línguas no ensino. Uma análise da experiência internacional. Pacific Islands discussion paper series no. 1. Washington D. C.: Banco Mundial.

D'Emilio, L. (1995). A educação e os povos indígenas da América Latina. Em ICDC/UNICEF, Children of minorities: Deprivation and discrimination (pp.77- 88). Florença, Itália: UNICEF.

Ellis, R. (1994). *The study of second language acquisition.* Oxford, Inglaterra: Oxford University Press.

Fafunwa, A. B., Macauley, J. I. e Sokoya, J. A. F. (Eds.). (1989). Educação na língua: The Ife primary education research project. Ibadan: University Press Limited.

Fullan, M. (2003).The new meaning of educational change. New York: Teachers College Press.

Garcia, O. & Menken K. (2010).Stirring the onion: Os educadores e a dinâmica das políticas de educação linguística. Em K. Menken & O. Garcia (Eds.), Negotiating language education policies in schools: Educators as policymakers (pp. 249261). New York: Routledge.

Hauptman, S., Mansur, F., & Tal, R. (2008). Um modelo de ensino trilingue para o desenvolvimento de competências de literacia académica em árabe clássico (L1), hebraico (L2) e inglês (FL) no sul de Israel. *Journal of Multilingual and Multicultural Development, 29*(3), 181-197.http://dx.doi.org/10.1080/01434630802147601

Herdina, P., & Jessner, U. (2002). *Um modelo dinâmico de multilinguismo: Perspectivas de mudança em psicolinguística.* Clevedon, Inglaterra: Multilingual Matters.

Hornberger, N. (2002). Políticas linguísticas multilingues e a continuidade da biliteracia: Uma abordagem ecológica. Language Policy, 1, 27-51.

Hovens, M. (2002). Educação bilingue na África Ocidental: Será que funciona? International Journal of Bilingual Education and Bilingualism, 5(5), 249-266.

Hoyle, E., & Wallace, M. (2007). Reforma educacional: Uma perspetiva irónica. Educational

Management Administration and Leadership, 35(1), 9-25.
Jessner, U., & Cenoz, J. (2000). Expanding the score: Sociolinguistic, psycholinguistic andeducation aspects of learning English as a third language in Europe. Em J. Cenoz & U.Jessner (Eds.), *English in Europe: The acquisition of a third language* (pp. 248-260).Clevedon, Inglaterra: Multilingual Matters.
Jordan, junho. (2010). Teaching for Joy and Justice, Uncovering the legacy of language and power
Iyamu, E., &Ogiegbaen, S. E. A. (2007). Parents and teachers' perceptions of mother-tongue medium of instruction policy in Nigerian primary schools. Language, culture and curriculum, 20(2), 97-108.Hong Kong University Press.
Kaplan, R. B. (1990). Introduction: Language planning in theory and practice. Em R. B. Baldauf & A. Luke (Eds.), Language planning and education in Australasia and the South Pacific (pp. 3-13). Clevedon, Inglaterra: Multilingual Matters.
Kosonen, K. (no prelo). The use of non-dominant languages in education in Cambodia, Thailand and Vietnam: Two steps forward, one step back. Em C. Benson & K. Kosonen (Eds.), Language issues in comparative education: Inclusive teaching and Learning in non- dominant languages and cultures (pp. 39-58). Roterdão, Boston, Taipei: Sense Publishers.
Kosonen K & Young, C. (2009). A língua materna como língua ponte de ensino: Políticas e experiências no Sudeste Asiático. Bangkok: Organização dos Ministros da Educação do Sudeste Asiático (SEAMEO).
Krueger, R., & Casey, M. A. (2009). Grupos de discussão: Um guia prático para a investigação aplicada. Los Angeles: Sage.
Lewis, P., Simons, G. & Fennig, C. (Eds.). (2013). Ethnologue: Languages of the world. (17th ed.) Dallas, Texas: SIL International. Recuperado em 12 de dezembro de 2013, de http://www.ethnologue.com
Malone, Susan E., Ph.D., SIL International, Mother tongue-based multilingual education current challenges and some strategies for moving forward, Conferência de Educação Multilingue da Universidade Jomo Kenyatta, Nairobi, Quénia, 22-23 de julho de 2010.
Mallozi, C., & Malloy, J. (2007).Second language issues and multiculturalism. Reading Research Quarterly, 42(3), 430-436.
Martin-Jones, M., & Saxena, M. (1995). Apoiar ou conter o bilinguismo? Políticas, assimetrias de poder e práticas pedagógicas em escolas primárias regulares. Em J. Tollefson (Ed.), Power and inequality in language education (pp. 73-90). Cambridge, Inglaterra: Cambridge University Press.
May, S. (2004). Repensar os direitos humanos linguísticos: Respondendo a questões de identidade, essencialismo e mobilidade. Em D. Patrick & J. Freeland (Eds.), Language rights and language survival: A sociolinguistic exploration (pp. 35-53). Manchester: St. Jerome.
McCarty, T. (2011).Introduzir a etnografia e a política linguística. Em T. McCarty (Ed.), Ethnography and language policy (pp. 1-28). Nova Iorque: Routledge.
Menken, K., & Garcia, O. (Eds.). (2010). Negociando políticas linguísticas nas escolas: Educators as policymakers. New York: Routledge.
Merriam, S. B. (1998). Qualitative research and case study applications in education (Investigação qualitativa e aplicações de estudos de caso na educação). São Francisco: Jossey-Bass.
Mohanty, A., Panda, M. & Pal, R. (2010). Política linguística na educação e prática na sala de aula na Índia: Será o professor uma engrenagem na roda da política? In K. Menken & O.
Garcia (Eds.), Negotiating language policies in schools: Educators as policymakers (pp. 211-231). Nova Iorque: Routledge.
Mondez, Remilyn (2013). Adequação da educação multilingue baseada na língua materna (MTB-

MLE) em áreas urbanas: Um estudo de síntese. Revista Internacional de Ciência e Investigação (IJSR), Índia Online, Vol. 2, Edição 1, janeiro de 2013.
Moore, H. (1996). Políticas linguísticas como realidade virtual: Two Australian examples. TESOL Quarterly, 30, p. 473-498.
Ouane, Adam e Christine Glanz.Mother Tongue Literacy in Sub-Saharan Africa (Alfabetização na Língua Materna na África Subsariana).
Instituto de Educação da UNESCO. Obtido em 19 de abril de 2014 de portal.unesco.org/education/en/files/ 43180/11315379981Ouane_A.doc/
Pennycook, A. (1989). The concept of "method," interested knowledge, and the policies of language teaching. TESOL Quarterly, 23, 589-618.
Pennycook, A. (2010). Postmodernism in language policy. Em T. Ricento (Ed.), An introduction to language policy (pp. 60-76). Malden, MA: Blackwell.
Departamento de Educação das Filipinas. (2009). Institucionalização do ensino multilingue baseado na língua materna (Despacho n.º 74). Pasig City: Autor.
Departamento de Educação das Filipinas (2012). Orientações sobre a implementação do ensino multilingue baseado na língua materna (MTB-MLE) (Ordem n.º 16). Pasig City: Autor.
Phillipson, R. (1992). Linguistic imperialism. Oxford: Oxford University Press.
Rajagopalan, K. (2005). A questão da língua no Brasil: Quando o conhecimento local entra em conflito com o conhecimento especializado. Em S. Canagarajah (Ed.), Negotiating the global and the local in language policy and practice (pp. 99-132), Mahwah, NJ: Routledge.
Ramirez, J. D., Yuen, S. D., & Ramey, D. R. (1991). Estudo longitudinal da estratégia estruturada de imersão em inglês, programas de educação bilingue de transição de saída precoce e de saída tardia para crianças de minorias linguísticas. Relatório final para o Departamento de Educação dos EUA. San Mateo, CA: Aguirre International.
Ricento, T., & Hornberger, N. (1996). Unpeeling the onion: Planeamento e política linguística e o profissional de ELT. TESOL Quarterly, 30(3), 401-427.
Ricento, T. (2000).Perspectivas históricas e teóricas em política e planeamento linguístico. Revista de Sociolinguística, 4, 196-213.
Schweers C W Jr (1999) 'Using L1 in the L2 Classroom' *English Teaching ForumVol.*37/2 [abril-junho] Onlmehttp://exchanges.state.gov/forum/vols/vol37/no2/p6.html)
Shohamy, E. G. (2006). Política linguística: Hidden agendas and new approaches. New York: Routledge.
Sibayan, B. P. (1999). The intellectualization of Filipino. Manila: Sociedade Linguística das Filipinas.
Skutnabb-Kangas, T. (2000). Genocídio linguístico na educação - ou diversidade mundial e direitos humanos? Mahwah, NJ: Lawrence Erlbaum.
Skutnab-Kangas, T., & Phillipson, R. (1994).Linguistic human rights, past and present. Em T. Skutnabb-Kangas& R. Phillipson (Eds.) Linguistic human rights: Overcoming linguistic discrimination (pp. 71-110). Berlin: Mouton.
Smits, J., Huisman, J., &Kruijff, K. (2008).Home language and education in the developing world. Documento de referência para a Monitorização Global da EPT 2009. Paris: UNESCO.
Spolsky, B. (2004). Language policy. Cambridge: Cambridge University Press.
Spolsky, B. (2011). Language management. Cambridge: Cambridge University Press.
Spolsky, B., &Shohamy, E. (2000).Language practice, language ideology, and language policy. Em R. Lambert & E. Shohamy (Eds.), Language policy and pedagogy: Essays in honor of A. Ronald Walton (pp.1-42). Amsterdam: John Benjamins Publishing Company.
Stake, R. (2000).Case studies. Em N. K. Denzin& Y. S. Lincoln (Eds.), Handbook of qualitative

research (pp. 435-454). Thgousand Oaks, CA: Sage.
Stake, R. E. (2005).Qualitative case studies. Em N. K. Denzin& Y. S. Lincoln (Eds.), The Sage handbook of qualitative research (pp. 443-466). Thousand Oaks, CA: Sage.
Taylor-Leech, K. (2013). Encontrar espaço para as línguas não dominantes na educação: Language policy and medium of instruction in Timor-Leste 2000-2012.Current Issues in Language Planning, DOI:10.1080/14664208.2013.766786.
Thomas, W. P., & Collier, V. P. (1997).A national study of school effectiveness for language minority students' long- term academic achievement.George Mason University, CREDE (Center for Research on Education, Diversity& Excellence). Recuperado em 21 de dezembro de 2013 de http://www.usc.edu./dept/education/CMMR?CollierThomasComplete.pdf
Thomas, Wayne e Virginia Collier. 1997. Eficácia da escola para alunos de minorias linguísticas. _____ estudantes de minorias linguísticas.__________________ Nacional _____ para Educação. http://www. __________________ crede.ucsc.edu/research/llaa/1.1 final.html
Turnbull, M. (2001). Há um papel para a L1 no ensino de línguas segundas e estrangeiras, mas? *The Canadian Modern Language Review,* *57*(4), 531-535. http://dx.doi.org/10.3138/cmlr.57.4.531
UNESCO. (1953). O uso da língua vernácula na educação. Monografia sobre o ensino fundamental. Paris: UNESCO.
UNESCO (2003). Education in a multilingual world. Documento de posição da UNESCO sobre educação. Paris: UNESCO.Retrieved January 30, 2014 from: http://unesdoc.unesco.org/images/0012/001297/1297/129728e. pdf
UNESCO. (2007). Programas de literacia baseados na língua materna: Case studies of good practice in Asia. Bangkok: Gabinete Regional de Educação da UNESCO para a Ásia e o Pacífico.
UNICEF. (1999). The state of the world's children, 1999. Nova Iorque: Autor.
Walter, S., & Drekker, D. (2011). Ensino da língua materna em Lubuagan: Um estudo de caso das Filipinas. International Review of Education, 57(5-6), 667-683.
Williams, E., & Cooke, J. (2002). Caminhos e labirintos: Language and education in development. TESOL Quarterly, 36(3), 297-322.
Woodall, B. (2002). Language-switching: using the first language while writing in a second language. Journal of Second Language Writing, Vol. 11, n1, pp. 7-28, fevereiro de 2002.
Woolard, K., &Schieffelin, B. (1994). Language ideology. Annual Review of Anthropology, 23, 55-82.
Yin, R. K. (2005).Introdução. Em R. K. Yin (Ed.) Introducing the world of education: A case study reader (pp. xiii-xxii). Thousand Oaks, CA: Sage.
Young, C. (2003).First language A foundation for effective basic education. Philippine Journal of Linguistics, 34(1), 123-131.

APÊNDICE A

Protocolo do grupo de discussão

Introdução: Bom dia a todos. Chamo-me John N. Cabansag, sou docente da Universidade Estatal de Isabela, Echague, Isabela e estou atualmente a escrever a minha dissertação para obter o grau de Doutor em Filosofia em Educação Linguística na Universidade de Saint Louis, Baguio City, Filipinas. Agradeço a sua participação neste grupo de discussão sobre a sua perspetiva da implementação da educação multilingue baseada na língua materna como meio de ensino.

- Este grupo de discussão demorará cerca de uma hora e trinta minutos.
- As suas respostas serão utilizadas no âmbito do meu estudo de investigação para conhecer as suas perspectivas relativamente à educação multilingue baseada na língua materna como meio de ensino. Esta entrevista será gravada e todas as suas respostas serão mantidas confidenciais.
- Se, em qualquer altura, decidir não participar, é livre de sair.

As perguntas-guia são as seguintes

1. Recentemente, o Ministério da Educação emitiu uma ordem para que o ensino do 1º ao 3º ano seja efectuado na língua materna. O que me pode dizer sobre o ensino multilingue baseado na língua materna (MB-MLE)? Como é que a ordem o afecta?

Sondas: Como é que utilizaria (ou utiliza) o MTB-MLE na sua sala de aula? O que é que teve de mudar? O que é que se mantém igual? O que é que, para além da língua, é diferente (materiais, pedagogia, etc.)?

2. O que é que acha que acontece quando os alunos aprendem em L1 nos primeiros anos de escolaridade?

Sondas: Quais são os benefícios e as desvantagens? Quais são os efeitos a curto e a longo prazo? Como é que vai afetar os alunos? Como afectará os professores? Como afectará as suas famílias? Como é que vai afetar toda a comunidade?

Sondas: Porque é que acha que deve ou não ser utilizado na sala de aula? Qual é a importância desta questão para si e para os outros professores? É mais ou menos importante do que outras partes do ensino?

3. Se um professor apoia a AML, o que é que pode fazer? Se um professor não apoia a AML, o que é que ele pode fazer?

Sondas: Considerar os materiais, falar com os pais/professores, trabalho extra, etc.) O que é mais comum? O que é que observou?

4. Quais são os desafios que dificultam a aplicação da AML na sua escola?

Sondas: Considere os recursos/materiais, a formação e as atitudes dos professores/pais. O que é que faz em relação a estes desafios? Estes desafios vão estar sempre presentes ou vão desaparecer com o tempo? Será esta uma mudança realista?

5. Que recursos estão disponíveis para o ajudar a implementar o MLE? Sondagens: Considere materiais, formação, atitudes dos professores/pais e outros apoios. Como é que utiliza estes recursos? Irão aumentar ou diminuir ao longo do tempo? Porquê? Quais são as áreas de interpretação incorrecta na utilização da MTB-MLE como ferramenta de ensino?

6. Que mais gostaria de me dizer sobre o MLE?

Sondas: O que é que gostaria que os decisores políticos soubessem?

APÊNDICE B

APRESENTAÇÃO TEMÁTICA DAS IDEIAS DAS PARTES INTERESSADAS SOBRE O MTB-MLE

STAKEHOLDER	BENEFÍCIOS - FORNECIMENTO DE INSTRUÇÃO	PRÁTICAS/SERVIÇOS/IDEIAS DE TRABALHO	DIFICULDADES/PROBLEMAS
Gl-EWCS Professores de Graus 1 e 2	T1, T2, T8 - uma grande ajuda para os professores na obtenção de respostas dos alunos; os alunos podem exprimir melhor os seus pensamentos, sentimentos e compreensão utilizando a língua materna (Pilipino/Tagalog) do que o inglês como meio de instrução. T4- a utilização da língua materna é uma grande ajuda no ensino da Matemática, os alunos compreendem bem como calcular; os alunos compreendem o que o professor está a dizer. T5- Os alunos desenvolvem a sua auto-confiança porque podem exprimir-se na língua materna e a sua timidez diminuiu; podem exprimir livremente as suas respostas. T6- os alunos podem interpretar a lição quando esta é dada em tagalo. T10- os alunos participam melhor nos debates na aula utilizando a língua materna do que utilizando o inglês	T3, T2, T4- O Pilipino/Tagalog é utilizado como língua materna, a língua utilizada pela maioria dos alunos para uma melhor compreensão das aulas T7- MTB-MLE é uma área temática adicional. T11- alguns temas da disciplina MTB-MLE repetem-se na disciplina Pilipino; os alunos apercebem-se das semelhanças/repetições de temas	T6- alguns alunos preferem utilizar o inglês como meio de ensino da matemática devido a uma exposição anterior ao inglês; têm dificuldade em adaptar-se ao ensino baseado na língua materna T9- Algumas lições de matemática são difíceis de ensinar em Pilipino, por exemplo, traduzir o conceito de valor posicional, como "isahan", "sampuan", "daan daan", etc. A contagem de números em Pilipino também é difícil (longa, prolixa)
G2-Dammang - Malitao Professores dos graus 1 e 2	T1- A língua materna como meio de ensino facilita o processo de ensino-aprendizagem; os alunos exprimem livremente as suas opiniões e ideias; a utilização da língua materna aperfeiçoa a audição, a expressão oral, a leitura e a escrita dos alunos	T1- A língua materna é uma forma/parte essencial da educação básica do país; os tópicos em MTB-MLE e em Filipino são os mesmos; repetitivos. MTB-MLE é uma boa disciplina se o dialeto Yogad for ensinado, mas MTB-MLE	T2- os alunos falam Yogad mas o Filipino é utilizado como meio de ensino porque o Yogad ainda não tem ortografia T3- a utilização do filipino/língua materna afecta a

	capacidades; tem um bom efeito na aprendizagem cognitiva; os alunos destacam-se mais nos estudos, ajuda ao domínio T2, T3- O MTB-MLE permite que o professor se sinta à vontade para ensinar, que expresse facilmente os seus sentimentos, que os alunos compreendam melhor e que participem mais na aula. T3- os alunos destacam-se em Matemática utilizando a língua materna como meio de ensino	usar o filipino é a repetição do assunto filipino. T2- O MTB-MLE é uma utilização eficaz de mais de duas línguas para a alfabetização e o ensino; a língua materna utilizada é o filipino, mas para alguns termos desconhecidos utiliza-se o dialeto Yogad para os traduzir. T3- os alunos pedem uma tradução dos termos ingleses em filipino porque não conseguem compreender; o ensino do inglês como disciplina também é traduzido em filipino.	O processo de leitura em inglês dos alunos; estes ficam aquém das competências esperadas em inglês como disciplina. T3- cerca de 30% dos pais não entendem o ensino baseado na língua materna como um programa. T1,T2, T3 - falta de materiais didácticos, apenas são fornecidos CD; alguns materiais didácticos têm de ser descarregados da Internet, a impressão de materiais aumenta as despesas do professor; a preparação de planos de aula semi-detalhados consome muito tempo. Os professores preferem a lição de registo diário (DLL). Não há tempo suficiente para preparar material didático; as canções e danças prescritas nos guias didácticos não são familiares para os professores; deveriam ser fornecidos áudio e vídeos

APRESENTAÇÃO TEMÁTICA DAS IDEIAS DOS ALUNOS SOBRE O MTB-MLE

STAKEHOLDER	BENEFÍCIOS - FORNECIMENTO DE INSTRUÇÃO	PRÁTICAS/SERVIÇOS/IDEIAS DE OB	DIFICULDADES/ PROBLEMAS
G3- EWCS Alunos do 1º ano	P5, P7, P8- gostam do Pilipino como meio de instrução para poderem compreender melhor a lição e serem capazes de ler.	Alunos- O Pilipino é o meio de instrução para o Araling Panlipunan, Edukasyong Pagpapakatao, MAPEH, Filipino e MTB-MLE como um	
		A matemática é ensinada principalmente em inglês. P1,P2, P3, P4, P6- gostam do inglês como meio de instrução para poderem falar a língua e falar com crianças estrangeiras como os americanos.	
G4- EWCS Alunos do 2º ano	P1, P3- as aulas de Matemática são fáceis de compreender quando leccionadas em Tagalog/Filipino; o Filipino é fácil de compreender. P3- as aulas são mais fáceis de compreender quando são dadas em filipino P4- não tem medo de falar e recitar na língua filipina; desenvolve a auto-confiança. P5- sabe ler bem	Os materiais de ensino são convencionais, como livros, giz, quadro de giz, palitos de picolé, blocos de papel Alguns alunos notam as semelhanças entre alguns tópicos do MTB-MLE e das disciplinas filipinas	P1- A mãe e o pai falam Yogad mas a criança não percebe, por isso a língua em casa é o Tagalog
G5-D &M Alunos dos graus 1 e 2	P1, P3, P4, P5, P6, P7, P8, P9, P10 - fácil de compreender a lição quando ensinada em língua filipina; fácil de aprender filipino; gosto da lição; mais aprendizagem adquirida, participar/ recitar frequentemente, fácil de ler e escrever em filipino		Os alunos falam Yogad mas não o utilizam no ensino; o dialeto é utilizado por um pequeno grupo (grupo menor)

APRESENTAÇÃO TEMÁTICA DAS IDEIAS DA ONG SOBRE O MTB-MLE

STAKEHOLDER	BENEFÍCIOS - FORNECIMENTO DE INSTRUÇÃO	PRÁTICAS/SERVIÇOS/IDEIAS DE OB	DIFICULDADES/PROBLEMAS
G10- Organização não governamental	ONG 1- A língua materna é um bom meio de ensino porque pode melhorar o desempenho académico, tal como provado numa investigação em Iloilo.	ONG 3 - As línguas regionais são línguas auxiliares. ONG 5- os professores parecem ter problemas em adaptar a sua forma de ensinar	ONG 2- não está convencida da utilização da língua materna como meio de ensino; considera-se que provoca um declínio no desempenho académico
	ONG 10- O MTB-MLE é uma grande ajuda para os alunos, especialmente para exprimirem os seus sentimentos e pensamentos sobre a aula. - Melhora/aumenta a autoconfiança e resulta numa participação ativa e consistente nas aulas. ONG 3- a utilização da língua materna no ensino é muito importante porque faz com que os alunos compreendam bem as lições na sala de aula; os alunos interessam-se mais pelos seus estudos e fazem-nos perseverar mais porque compreendem as suas lições/ matérias na escola. ONG 4- É muito importante utilizar a língua materna entre os alunos do 1º ano para uma melhor compreensão dos conceitos; o inglês pode ser utilizado quando os alunos atingem níveis mais elevados porque, nessa altura, já têm uma compreensão clara dos conceitos.	através da língua materna. ONG 6 - A língua materna é utilizada para exprimir ideias, mas o mais importante é a forma como os conhecimentos são utilizados ou aplicados. ONG 7- O programa MTB-MLE deve ser implementado e avaliado para determinar onde está o problema e para que se possam oferecer soluções; nessa altura, os verdadeiros objectivos do MTB-MLE podem ser melhor identificados. ONG 8- O país ainda não está preparado para implementar o programa; deve ser feito gradualmente para uma melhor implementação nas escolas. O Japão demonstrou que a língua materna é útil, mas não pode ser o mesmo nas Filipinas devido ao grau de preparação dos nossos professores. ONG 1, ONG 2 - o governo efectuou alguns estudos/experiências antes da implementação (MTB-MLE). O programa de língua materna em Singapura permite que os alunos escolham a língua que	proficiência ONG 4- Os livros em língua ilocano são dificilmente compreendidos pelos alunos, pelo que os textos têm de ser traduzidos em tagalog para facilitar a compreensão. ONG 8, ONG 9- O ilocano é difícil de utilizar no ensino de termos científicos. ONG 7- o programa (MTB-MLE) carece de atenção; falta de materiais didácticos, de formação de professores, de fundos, de orientação adequada dos pais e de apoio de todas as partes interessadas para a plena implementação do programa. ONG 8- Os responsáveis pela execução do programa devem ter uma experiência da situação real a nível dos utilizadores finais.

		melhor ajuda a aprendizagem, mas utiliza o chinês de Singapura como meio de instrução. ONG 7- se uma criança for boa na sua primeira língua, isso servirá	
		como base para a aprendizagem de uma segunda língua. ONG 4- O DepEd segue as ordens das autoridades e os supervisores controlam a execução. ONG 5- os recursos disponíveis para a implementação da MTB-MLE são os intervenientes, como os pais, os professores, a comunidade, o conselho escolar local, as ONG e os funcionários locais	

APRESENTAÇÃO TEMÁTICA SOBRE AS IDEIAS DO CONSELHO ESCOLAR LOCAL SOBRE O MTB-MLE

STAKEHOLDER	BENEFÍCIOS - FORNECIMENTO DE INSTRUÇÃO	PRÁTICAS/SERVIÇOS/IDEIAS DE OB	DIFICULDADES/PROBLEMAS
G9- Local Conselho Escolar	Diretor, Dist.Sup- MTB-MLE usando Tagalog é melhor para a compreensão das aulas; Principal - existe uma verdadeira compreensão do que é lido em filipino, em comparação com a mera articulação do som inglês, mas não existe uma verdadeira compreensão dos conceitos. -melhor retenção das lições, uma vez que os alunos compreendem realmente os conceitos, como no caso da Matemática. - A utilização da língua materna (tagalo) como meio de ensino	Os pais são falantes de iogurte, mas treinaram os filhos a falar em tagalo ou filipino para os adaptarem melhor ao meio de instrução, como se observou desde a implementação da política bilingue em 1987, daí a prática atual de treinar os filhos a falar em tagalo para se prepararem para o trabalho escolar. As escolas do distrito de Echague West adoptam o programa de MTB-MLE usando o tagalo como	Os pais do Diretor-Yogad consideravam a sua língua materna (Yogad) inferior e não incentivavam os filhos a falar o dialeto. Dist Sup., Diretor - os funcionários da escola iniciaram uma defesa da implementação da MTB-MLE como disciplina em Yogad, mas os pais recusaram a ideia durante uma reunião. Dist Sup.- os factores que dificultam a implementação do programa MTB-MLE incluem a falta de
	reduziu os casos de abandono escolar porque os alunos deixaram de se sentir alienados nas aulas.	língua materna, uma vez que esta é a primeira língua das crianças, embora os seus pais possam ser Yogads, Ibanags, etc. A implementação está a ser monitorizada através de observações de aulas. Dist. Sup, Prin. - planear a formulação da ortografia Yogad em coordenação com os funcionários locais.	materiais didácticos como livros e guias do professor para a língua materna pretendida, a vontade dos professores e dos pais, o ambiente, os meios de comunicação social que influenciam os alunos Principal - Atualmente, não existe ortografia para o dialeto Yogad. Dist. Sup., Diretor - a implementação do programa MTB-MLE foi uma ordem direta da gestão de topo do DepEd para a gestão de nível inferior; poderia ter havido consultas prévias da gestão de base para a gestão de topo antes da implementação para determinar o grau de preparação do sector.

APRESENTAÇÃO TEMÁTICA DAS IDEIAS DA PTCA SOBRE MTB-MLE

STAKEHOLDER	BENEFÍCIOS - FORNECIMENTO DE INSTRUÇÃO	PRÁTICAS/SERVIÇOS/IDEIAS DE OB	DIFICULDADES/PROBLEMAS
G8- PTCA	T2- Os alunos gostam de ouvir histórias em filipino. Quase todos os alunos conseguem exprimir as suas ideias em filipino. Os alunos sentem-se entusiasmados por falarem as suas ideias em filipino. Todos os alunos podem participar na aula devido à sua língua materna ou tagalo e ganham auto-confiança	T1- A língua materna é uma área disciplinar e só deve ser utilizada nessa área. Matemática, MAPEH deve ser em inglês. T1, P2-Echague é conhecida pelo Yogad e a cultura, a tradição e o dialeto devem ser estudados no MTB-	P1- O meu filho não compreende filipino ou tagalo, pede ajuda para compreender a matéria, mas consegue fazer os seus trabalhos de forma autónoma em inglês; Os alunos aborrecem-se com a repetição de temas em filipino e MTB. T1- Língua materna
		MLE e não Filipino/Tagalog, uma vez que já existe uma disciplina de Filipino. O dialeto Yogad deve ser ensinado para o preservar. Atualmente, as crianças já não falam Yogad. T1, T2, P1,P2- concordam que os livros em Echague devem ser transformados em Yogad para MTB-MLE T2, P1- O filipino como disciplina e a língua materna são a mesma coisa; os tópicos aprendidos em filipino são repetidos em MTB; o filipino lida com a língua, enquanto a língua materna se centra mais na leitura. T1- Nos anos 50 (1955) havia dois (2) dialectos equivalentes em Echague, um era o Ilocano e o outro era o Yogad. Havia um livro em Yogad, na minha aula/secção era em Ilocano. O livro em Yogad não foi preservado. -O tagalo passou a ser a língua materna e não a	para cada região deve haver apenas um dialeto, mas se houver uma mistura de Yogad, Ibanag, etc., torna-se difícil. P2- Faltam materiais didácticos para uso dos professores. T2- O sujeito inglês é afetado pela língua materna ou pelo tagalo; o sujeito torna-se inglês- tagalo

		verdadeira equivalência do local; deveria ser efectuado um estudo dos efeitos do MTB para determinar as suas vantagens e desvantagens. A implementação foi como uma tentativa e erro P2- A língua materna deve ser explicada minuciosamente, quer se trate do dialeto de	
		num determinado local ou deve ser Tagalog num local como um todo. T1, P2- a língua nacional é o Tagalog, pelo que a língua materna deve ser outra, pois temos dialectos e culturas diferentes	

APRESENTAÇÃO TEMÁTICA DAS IDEIAS DOS PAIS SOBRE O MTB-MLE

STAKEHOLDER	BENEFÍCIOS - FORNECIMENTO DE INSTRUÇÃO	PRÁTICAS/SERVIÇOS/IDEIAS DE OB	DIFICULDADES/PROBLEMAS
G6- Pais EWCS	P4- os alunos desenvolvem a sua auto-confiança quando a língua materna utilizada é alterada de Ilocano para Tagalog como meio de ensino. P8- o governo quer provavelmente que os alunos aprendam melhor e mais depressa utilizando a língua materna	P1- A língua materna está bem se for o Tagalog em vez do Ilocano. A maior parte das crianças fala tagalog e não compreende o ilocano, tem de ser traduzido em tagalog para ser compreendido. (O Vale de Cagayan foi identificado pelo DepEd como uma região de língua Ilocano, pelo que os materiais didácticos fornecidos aos professores estavam maioritariamente em Ilocano. Os professores traduzem o Ilocano para Tagalog para que os alunos possam compreender a lição; os professores estão sobrecarregados) P4-Ilocano pode ser dado como uma disciplina separada durante algum tempo e ser acompanhado pelos pais em casa. O tagalo deve ser utilizado na escola. P5- Na disciplina de inglês, deve ser realmente ensinada em inglês. Os pais devem ensinar	P2- Uma mistura de Ilocano, Tagalog e Inglês na escola é confusa. Deveria ser uma mistura de Tagalog e Inglês apenas. O ilocano deve ser utilizado fora da escola. P6- O Ilocano não deve ser utilizado como meio de ensino, pois a escrita e a apresentação de números em Ilocano são difíceis e demoradas; difíceis de ler e pronunciar; é preferível utilizar o Tagalog. As crianças em tagalo tornaram-se lentas na leitura de textos ou passagens em inglês, mas conseguem ler t P7 - Os pais e os filhos não compreendem o Ilocano. P5- O ilocano é difícil de compreender
		crianças a utilização correcta do filipino P6- há uma melhor compreensão se a linguagem utilizada for entendida por todos, como uma criança e uma mãe. O P4-1 ficou contente por saber que o meu filho cantou uma canção em Ilocano, mas poderia ser melhor se o meu filho compreendesse realmente	

		o significado da canção. P3- os miúdos riem-se sempre que tentam falar em Ilocano P9- a utilização da língua materna no ensino é uma experiência. P10- Os inquéritos podem dizer se o programa de ensino baseado na língua materna é eficaz ou não; se deve continuar ou parar. P6, P3 - não há problema se o Ilocano for apenas uma disciplina para cultivar e aprender a cultura Ilocano e aprender a falar em Ilocano, mas não para ser utilizado como meio de ensino em todas as outras disciplinas	
G7-DM Pais		P1 - A língua materna deve ser utilizada na escola porque somos todos filipinos. Pergunto-me porque é que o meu filho me responde em inglês mesmo quando falo com ele em tagalo. O meu filho sabe muitas coisas que eu não sei	
		até têm conhecimentos sobre; o meu filho explicou que os obteve no youtube e o meu filho também fala sobre o meu ofício (um jogo); Tenho a responsabilidade de orientar o meu filho num programa baseado na língua materna; Devemos apoiar a promoção da língua materna; O ensino baseado na língua materna é utilizado para conhecer, manter e melhorar os conhecimentos e evitar que se percam.	

APRESENTAÇÃO TEMÁTICA DAS IDEIAS DOS FUNCIONÁRIOS DAS AUTARQUIAS LOCAIS SOBRE O MTB-MLE

STAKEHOLDER	BENEFÍCIOS - FORNECIMENTO DE INSTRUÇÃO	PRÁTICAS/SERVIÇOS/IDEIAS DE OB	DIFICULDADES/PROBLEMAS
LGU-O1	Kaya pabor ako sa paggamit ng Tagalog para mas lalung maintindihan mga bata yung mga lessons. A tradução em inglês para o Tagalog é muito importante. O objetivo é compreender melhor os dados	Sabagay bibihira naman na yung mga teachers..puro Tagalog naman na kasi pumupunta din ako nakiki seat in sa mga klase kaya kitkitaek met nuka kasi kailangan ko din mga observations sa mga schools. Dati idi time ni Board Member... thelate O Presidente da Câmara, Leoncio Kiat, está a trabalhar na unidade da administração local em matéria de alta tecnologia	... nu ti kaadwan nga pupils ti elementary schools ti Echague ket agduduma ti languages da maymayat nu Tagalog tapnu agkikinnaawatan da ti klase.

		computadores, lcd e outros materiais didácticos materiais para as escolas, para que possam ser utilizados nas escolas públicas de Echague. Os directores das escolas podem pedir que os professores façam um jogo de gamit na ganito para que os professores possam pagar as suas aulas e para que as aulas sejam mantidas. O distrito de Echague é o distrito mais problemático e a prioridade número um é a criação de salas de aula e a criação de mga professores....kulang... at noong minsan nagpasyar kami dita forest region.. .dami pa doon na nagtuturo ng multigrade..hindi lang dalawang klase kundi tatlo pa na klase handle ng isang professor...parang mahirap yatang gawin yun..kaya ti maysa nukwa nga ioffer ti local government ket Local School Board (LSB) teachers na ang suweldo ay galing sa LGU at mayroon din ProvincialSchool Professores do quadro que estão a ser enviados para o Governo Provincial e suweldo nila.	
LGU-O2	O governo local apoia o projeto	Penso que se um professor apoia... .ii' ela tem	O Ministério da Educação não é

	Departamento de Educação. Tenho dito isto aos directores e ao supervisor distrital para tomarem a iniciativa de criar os materiais didácticos a implementar, mas é claro que esses materiais ou módulos didácticos devem ser aprovados por autoridades superiores. Quando se trata de siguro para apoiar o governo local, este apoia totalmente as escolas públicas... Penso que isto será vantajoso para os alunos... quando digo vantajoso para os alunos, é porque numa fase inicial os alunos têm de traduzir o Yogad para inglês e o inglês para Yogad. E penso que seria mais fácil para estes jovens aprenderem algo à sua volta. É vantajoso para os alunos porque essa é a sua própria língua... hindi nman English yung nanay eh...kaya kung ano mapi pick up nya language sa nanay tapos irerelate nya sa modules yun ang school instructions yun na...authentic pa... De facto, durante o tempo do falecido Presidente da Câmara, Nanding Babaran, o dicionário Yogad era um dicionário de língua inglesa.	para que os professores do Yogad possam ter um forte apoio ao MTB-MLE, ela tem de sair e aprender a fazer materiais didácticos para o Yogad. De facto, há um memorando que diz que os professores do Yogad têm de participar em seminários, mas eles não estão preparados para isso. A minha mãe está a tentar fazer com que os professores de Yogad participem em seminários, mas eles não estão preparados para isso.	pronto para isso. Porquê? Quando introduziram o PIBALOY, que significa Palanan, Ibanag, Ilocano e Yogad. Por conseguinte, o Palanan já tem materiais de formação ou de aprendizagem relativos à implementação deste projeto e, ultimamente, de acordo com as informações que recolhi, o Ibanag está tão preparado como o Palanan. Não falemos do Ilocano... kasi ang Ilocano matagal ng ready at matagal ng ginagamit yan. O problema é como implementar este MTB-MLE para os Yogads. O problema é que não estamos prontos, porque não temos qualquer ortografia relativa à língua Yogad. Temos de fazer algum tipo de material didático da língua Yogad, mas até agora, em Echague, ainda não estamos prontos. O problema agora é sobretudo Yogad As famílias falam Tagalog... só os mais velhos falam o Yogad, mas as crianças não falam. mais...wala na...punta ...ka mag interview ngayon...

			gamitina mo Yogad..sasagutinn ka ng Tagalog. Há necessidade de restaurar, reavivar... mas construir um material de aprendizagem que levará tempo. É apenas em DammangEast , DammangWest , Dammang-Malitao. .alam mo parang may pagka inferior yung mga Yogad na gumagamit sa sarili nilang salita. Noinstructional materiais, os pais do paciente não podem ser usados em Yogad. Na implementação do MTB-MLE, o DepEd deveria ser sério e ajudar também outras línguas. Se formos a sério, vamos dizer que o PIBALOY ang gagawin ko eles têm de se apropriar orçamento para a realização deste projeto. Em primeiro lugar, se o orçamento for seroso kang magtrabaho. Recursos Maraming. sino naman mais os professores são os únicos que podem ser convidados para o seminário. nyadun . O orçamento adequado é o mais importante

			yan... .orçamento razoável na masuportahan ang implementation ng programang ito. O que fazer talaga o orçamento é de 1,5 milhões de euros. nang módulos... saan ka O que é que se passa? é muito bom para os outros naturais orçamento para o ano de 2010 talagang gagawa yan.
LGU-03			Hindi ako sang- ayon. O inglês é quase internacional língua yan. Ao contrário do Ilocano ka, Yogad ka, Ibanag, etc dito lang yan ao contrário do Inglês na multinational English talaga. Para sa akin English talaga para magamit sa ibang bansa lalung lalo na mga OFW. Kaya yung iba dito na pumupunta sa ibang bansa gustong gusto nila kasi maganda ang accent ng mga Pilipino. Se eu for mais maganda no mandarim o Pokhein. os locais onde é possível aprender inglês.................... sa Os bangkos preferem mais o mandarim do que o chinês. Se a pessoa de negócios está a falar sobre o assunto

			O meu filho é um cidadão da Coreia, de Banguecoq ue, Singapura......kasi fully developed na mga bansang yan.
LGU-04	O ensino multilingue baseado na língua materna é uma boa medida do DepEd para preservar e enriquecer a língua e a cultura locais das pessoas. O único efeito sobre nós é positivo, que é o de restaurar o nosso dialeto. Os alunos aprenderão mais sobre a língua da comunidade; por conseguinte, serão activos nas aulas e será mais fácil para eles compreenderem e aprenderem outras línguas.		O nosso dialeto local está a diminuir na geração mais jovem. Segundo o que dizem alguns professores e alunos, o departamento também não dispõe de materiais para o ensino do MTB-MLE. Algumas ou a maioria das crianças desta geração aprenderam Tagalog como primeira língua, pelo que têm dificuldade em aprender a língua local. Os materiais didácticos devem ser fornecidos de antemão e devem dotar os professores dos conhecimentos e competências necessários para uma aplicação eficaz e eficiente do programa.

MIX
Papier aus verantwortungsvollen Quellen
Paper from responsible sources
FSC® C105338

Printed by Books on Demand GmbH, Norderstedt / Germany